Carl-Hans Jochemko
Im Schatten des Michels

Carl-Hans Jochemko

Im Schatten des Michels

Kindheitserinnerungen an die
vierziger und fünfziger Jahre

In memoriam Mutti, Paps und Omi,
die uns so viel Liebe und Schutz gaben.
Meinen Kindern und Enkeln gewidmet.

© 2000 by Convent Verlag GmbH, Hamburg
Lektorat: Dr. Ingrid Klein
Umschlaggestaltung: Peter Albers
Satz und Repros: KCS GmbH, Buchholz/Hamburg
Druck u. Bindung: Friedrich Pustet GmbH & Co., Regensburg
ISBN 3-934613-02-0

Inhalt

Vorwort 8
Einleitung 11

Teil I

Hochbahnfahren, Mäuseködel und Kinogekicher 13
Tapferes Kerlchen, Fesselflieger und Kloppe 15
Von Streckbutter, Möweneiern und anderen
  nahrhaften Dingen 18
Spinne oder Bomben? 19
Moppel allein gegen die Bomber 21
Tod fällt vom Himmel und Bunkerwanderungen 23
Der liebe Gott schiebt 26
Zweite Bombennacht im Bunker Sylter Allee 28
Leberwurstbrötchen und schwarzer Aschenregen 30
Kartoffelmus und Speckstippe 31
Hengstpimmel, Russenlager, Onkel Carl-Heinz
  und der Vanillepudding 34
Rapsernte und Kaleschenfahrt zur Entenjagd 36
Österreichs Bergwelt und die Groschenfrage 38
Wiedereinschulung, erste Freunde und der Prügler 39
Muttertag, Amokhühner und Maikäferspiele 42
Das Hohelied auf Oma 43
Vom Bratkartoffelverhältnis, von Muttis Verehrer
  und dem Holzschlachtschiff 45
Wasserholen und wie wir sonst so lebten 46
Mein Freund Siegfried und die HJ 48
Ausgebombte Wiener und Tiefflieger 49
Der Läusekrieg, ein Kampf gegen Windmühlenflügel 50
Muckefuck, Bohnenkaffee, Stummel und Raucherkarten 52
Pappflugzeuge, Schwalben und die Sonnenburg 53

Pappsoldaten und Kriegsspiele 54
Mutti ist weg 55
Schöne Kindertage 59
Die Neger kommen 62
Fettlebe und der einsame Marokkaner 65
Mutti gegen die Katholiken 66
Vom Waffensuchen und was dabei herauskam 68
Der Klapperstorch kommt 70
Zahnschmerzen und Vanilleeis 72
In Österreich Nazis? Niemals! 73
Ausweisung und Schmuggelverstecke 74
Tuttuttut die Eisenbahn 76

Teil II

Ab ins Lager 81
Hunger, Kälte und tote Säuglinge 83
Trümmer, Trümmer und doch: herrliches Hamburg 87
Drangvolle Enge, aber ein Zuhause 90
Karl May, Steckrüben, Heißgetränk und Kalorien 94
Die Hamsterer kommen 98
Heimweh nach Österreich 101
Omis Zimmerkampf 102
Schülerstreiche und Schulspeisung 104
Neue Freunde und Trümmerspiele 107
Trümmerfrauen und Trümmerausweis 109
Cowboy und Indianer 111
Aus der Enge in die Enge 121
Der Kohlenklau geht um 124
Weihnachtsbescherung bei den Engländern 127
Kasperles Mondabenteuer und der Familienmarsch 129
Endlich wieder am Hafen 130
Raum ist in der kleinsten Hütte 132
Klapperlatschen und explosive Pullover 135
Not macht erfinderisch 137

Der Tag X 139
Omis Rente – ein Festtag für die ganze Familie 142
Gaumengenüsse 143
Laternenumzüge und Rummelpott 146
Silvesterfeuerwerk, Kaugummi und Schulhofspiele 148
Klingelstreiche 152
Rache folgt auf dem Fuße 154
Donnerschlag und Bremsspuren 155
Straßenleben 158
Beliebte Kinderspiele 162
»Nackte Gala« und andere Badevergnügen 167
Goldrausch auf den Trümmerfeldern 170
Rette sich wer kann: Tante Luise kommt! 174
Ferienlager auf Gut Bothkamp 175
Was sonst noch geschah 179

Bildquellen 183

Vorwort

Juli 1993. Genau 50 Jahre nach dem großen Feuersturm, bei dem die englischen Bomber große Teile von Hamburg zerstörten und annähernd 40.000 Menschen den Tod fanden. Ich hatte sieben Zeitzeugen von damals in die Krypta des Michels eingeladen. Sie sollten erzählen, wie es damals, 1943, war. An den Tagen und in den Nächten, in der Pasmannstraße, im Schaarsteinweg, der Wincklerstraße und im Michel. An dem Ort, der damals Luftschutzkeller war für gut 2.000 Verängstigte und Hoffende. Asyl für die Kinder und ihre Mütter, ihre Großeltern und viele Familien aus der Neustadt. Einer der Zeitzeugen war Carl-Hans Jochemko. Er las mit klarer Stimme und doch spürbar bewegt aus seinem prallgefüllten Leitzordner, unterbrach das Lesen immer wieder, erzählte, erläuterte, erklärte.

Ich staunte, wie exakt und scharf er sich erinnerte. Und erlebte, wie die Zuhörer mitgingen, zustimmend nickten. Die Vergangenheit wurde zur Gegenwart, als Jochemko vom schwarzen Aschenregen sprach, von Sirenengeheul, Voralarm und Vollalarm, vom Tod, der vom Himmel fiel, und vom Himmel, der ihn und seine Geschwister, seine Mutter und seine Tanten Alice und Anneliese bewahrte. Ich hatte viel von den schlimmen Bombennächten gelesen und gehört. Doch jetzt, durch Jochemkos Erinnerungen und seine so persönlich gehaltenen Erfahrungen und Erlebnisse, sah ich Bilder und wurde in das Geschehen der Kriegsjahre hineinversetzt.

Später las ich mich fest in seinen Aufzeichnungen. Las von Kinderspielen und Klingelstreichen, von Mäuseködel und Muckefuck, von Steckrüben und Heißgetränk, von Kohlenklau und Kellerkindern, von Schwarzmarkthandel und Trümmerräumung. Ich konnte nachempfinden, daß für ihn wie für manch andere Kriegskinder die Jahre 1942 bis 1952 die Zeit einer glücklichen Kindheit war. Und das trotz aller Gefahren und Gefährdungen für Leib und Seele, trotz aller Entbehrungen im Schatten des Michels. Da war viel Kraft zum Leben und ein unbändiger Wille zum Überleben.

So ist das Buch mehr als eine Familienidylle. Es ist eine faszinierende und spannende Liebeserklärung an die Familie, fern aller Nostalgie und allen Träumen von einer seligen Kindheit in Hamburgs Neustadt. Gewürzt mit Humor und vielen Erlebnissen, die zum Schmunzeln anregen. Und die ein Stück praller Lebensgeschichte wiedergeben, die sich damals und doch mitten unter uns in der schönen Stadt Hamburg und oberhalb von Elbe und Hafen abgespielt hat.

Ich wünsche den Leserinnen und Lesern der Kindheitserinnerungen an Hamburg zur Kriegs- und Nachkriegszeit so viel Spannung und unterhaltsame Besinnlichkeit, wie ich sie erlebt habe.

Helge Adolphsen
Hauptpastor an St. Michaelis

Einleitung

Der Titel eines Buches über die Hamburger Nachkriegszeit, das mir 1985 in die Hände fiel, zeigt drei Kinder, die Mitte 1946 in den Trümmern der Neustadt spielten: Das waren ich und meine jüngeren Geschwister Marie-Luise und Gerhard. Wir spielten in den Trümmern der Badeanstalt Schaarmarkt, wo heute die dänische Seemannskirche steht. Neben der ehemaligen Badeanstalt sieht man die Reste vom Venusberg, Ecke Hohler Weg, und auf der Geesthöhe die Ruine der Schule Böhmkenstraße. Ich staunte nicht schlecht, uns auf einem Buchtitel abgebildet zu sehen, und wurde schlagartig in unsere Kindheit zurückversetzt, an die ich, im Gegensatz zu meinen Geschwistern, sehr lebhafte Erinnerungen habe. Wachgehalten wurden diese über die Jahre durch viele Gespräche im Familienkreis über die schweren Zeiten. Meine Erinnerungen setzen mit meinem fünften Lebensjahr ein. Das war 1941, und wir wohnten damals in der Pasmannstraße 5, in Sichtweite des Michels.

Die Anekdoten, die wir als Erwachsene bei Familientreffen über die Nachkriegszeit austauschten, endeten regelmäßig mit dem Satz: »Was wir so erlebt haben, darüber könnte man ein Buch schreiben!« Den endgültigen Anstoß, die Familienerinnerungen zu sammeln und nicht nur unseren Kindern und Enkelkindern, sondern einer größeren Zahl von Lesern zugänglich zu machen, gab mir das erwähnte Foto. Denn obgleich es eine schwere Zeit war, besonders für die Erwachsenen, haben wir Kinder im Rückblick trotz vieler Entbehrungen eine herrliche Jugend voller Abenteuer gehabt, an die wir und viele andere unserer Generation uns gern erinnern.

Carl-Hans Jochemko

Teil I

Hochbahnfahren, Mäuseködel und Kinogekicher

»Ich habe vierzig Pfennig«, sagte meine Tante Alice. »Willst du mit mir und Tante Anneliese Hochbahn fahren, oder wollen wir uns vierzig Mäuseködel kaufen?«

Immer wieder hatte ich eine schwere Wahl zu treffen! Mäuseködel waren eine herrliche Sache. Ich mochte es, wenn sich der bunte, knusprige Zuckermantel im Mund auflöste und dann der Lakritz gelutscht oder gekaut werden konnte. Aber ebenso herrlich war eine Hochbahnfahrt mit meinen Tanten Alice und Anneliese. Manchmal gewannen die Mäuseködel, aber ebenso oft gewann die Hochbahn. Die beiden mußten pro Nase zwanzig Pfennig für die Fahrt zahlen, ich war noch klein und konnte umsonst fahren. Tjaaa …

Fiel meine Wahl auf die Bonbons, ging es im Laufschritt zur Drogerie, deren Eingang mit den vielen Gerüchen direkt an der Ecke Schaarsteinweg und Anberg war. Die Verkäuferin hatte mein ganzes Vertrauen in Hinsicht auf die Mäuseködel, weil sie mir jedesmal heimlich ein Sonderstück in den Mund steckte. Aber sie beriet mich auch, wenn nötig, fachmännisch bei der Auswahl eines Besenstiels.

Die Fahrt mit der Hochbahn begann für uns immer an der Station Baumwall. Die Strecken waren schon damals größtenteils unterirdisch, aber der Hamburger sagt seit Baubeginn »Hochbahn«, weil sich der Betreiber »Hamburger Hochbahn AG« nannte. Wir fuhren am liebsten die Ringstrecke, weil die halb ober- und halb unterirdisch war. Die Fahrt ging zur Station Landungsbrücken, vorbei an der Überseebrücke und dem spitzen Turm des dort gebauten Rundbunkers. Weiter ging es unter der Erde zur Station St. Pauli und den nächsten Bahnhöfen. In den unterirdischen Stationen war es sommers immer schön kühl, was man merkte, wenn die Türen aufgingen. Es herrschte ein irgendwie dumpfer Kellergeruch und roch nach Pipi und rostigem Eisen.

Wehe, wenn ich nicht hinter dem Zugbegleiter auf dem Klappsitz stehen und die Strecke sehen konnte! Dann war ich maulig. Meine ganze Bewunderung galt den Zugbegleitern oder -begleiterinnen. Meistens waren es damals Frauen, weil die Männer alle im Krieg waren. Toll, wie sie das machten: Tür auf, wenn an der Station alles aus- oder eingestiegen war, Klopfen mit einem eisernen Schlüssel an die Scheibe, der schnarrende Ruf »Aaaabfahrrrennn!«. Und dann wieder das elegante Einsteigen in den anfahrenden Zug. Vor uns glitzerten die blanken Schienen im Sonnenlicht oder im Tunnel vor den bis auf einen Schlitz abgedunkelten Lampen. Spannend war es, wenn ein Zug auf der Gegenstrecke kam. Das Getöse stieg an, und der Wagen schaukelte vom Luftdruck der sich begegnenden Züge. Viel zu kurz war für mich die Fahrzeit, und traurig sah ich – zurück am Baumwall – dem entschwindenden Zug nach.

Manchmal, wenn Tante Alice mehr Geld hatte, gingen wir ins Kino am Schaarsteinweg. Wir saßen dann in der letzten Reihe, mein Platz war zwischen meinen beiden Tanten. Alice war im Knutschalter, wie sie es nannte. Schmuck sah sie aus mit den blonden Zöpfen und der knapp geschnittenen BdM-Jacke, auch Affenjacke genannt. Sie lachte viel und hatte einen Narren an mir gefressen. Erst viel später habe ich begriffen, weshalb ich immer zwischen ihr und ihrer Schwester sitzen mußte:

Tante Anneliese war noch ein pummeliges, sehr fröhliches Kind und hätte Alice verpetzen können, wenn sie einen Freund mithatte. Obwohl mich die Filme viel mehr beeindruckten, bekam ich die oft sehr freizügigen Schmusereien mit. Anneliese schien das nie zu bemerken. Sie kicherte, machte Witze und amüsierte sich köstlich, wenn sie klammheimlich einen

»Wind« in die Reihe stellen konnte. Mit empörtem Gesicht wartete sie auf die Reaktion der Umsitzenden und schimpfte dann ebenfalls auf das Ferkel, das die Luft verpestete.

Wenn wir kein Geld hatten, spazierten wir gerne zu den Grünanlagen am Holstenwall, um die Fesselballons gegen die Tommy-Flugzeuge zu beobachten. Einige Male sahen wir auch bei einer Übung mit künstlichem Nebel zu. Der gelbliche Qualm roch scheußlich und vernebelte sehr schnell das gesamte Gelände. Überall liefen eifrig Grauuniformierte vom Sicherheitsdienst (SHD) herum und bedienten die großen Nebelaggregate. Die Männer dieses Dienstes waren weder Feuerwehr noch Soldaten. Ihre Tätigkeit entsprach am ehesten dem heutigen Technischen Hilfswerk (THW).

Genau gegenüber dem Torweg des Herrengrabens 54 befand sich auch eine Garage des SHD, wo ich oft zuschauen konnte, denn Omi wohnte dort und ich um die Ecke in der Pasmannstraße. Die Ruine dieser 1943 zerbombten Garage spielte nach dem Krieg eine wichtige Rolle bei unseren Kinderspielen.

Tapferes Kerlchen, Fesselflieger und Kloppe

Kardel-Hans, mit dem Schwanz,
kommt die Treppe runtergetanzt,
mit dem Pißpott in der Hand ...

Wieder einmal standen meine Freunde und gleichzeitig Widersacher vor dem Haus und johlten diesen Spottvers, den ich haßte. Dabei war ich an diesem Tage so stolz auf meinen gekürzten italienischen Koppelgurt, den viel zu großen

Tommy-Helm und mein Korkenluftgewehr. Irgendwie mußte ich sie aber verscheucht haben, denn ich marschierte allein und im Stechschritt auf dem Bürgersteig der anderen Straßenseite zum Herrengraben hinunter. Ich ahmte den Paradeschritt unserer Soldaten nach, den ich in der Wochenschau gesehen hatte.

Mit hochgerecktem Kinn, das Gewehr in den vorgestreckten Händen, marschierte ich auf dem Kantstein entlang. Plötzlich ein Bums – ich war gegen die Gaslaterne an der Straßenecke geprallt. Blut lief mir übers Gesicht, und ich schaute ungläubig in die Mündung des Gewehrs, die ein perfekt ausgestanztes Stück meiner Stirnhaut enthielt.

Anstatt nun loszubrüllen, rannte ich die fünf Meter bis zum Hauseingang von Oma und klingelte Sturm. Omi öffnete, wortlos hielt ich ihr das Gewehr hin und sagte: »Ich hab' ein Loch im Kopf!« Omi wurde blaß, stürzte in die Küche, um ein Geschirrtuch zu holen, das sie mir an die Wunde preßte. Dann rannte sie mit mir aus dem Haus in den danebenliegenden Torweg zu einem Bekannten, der einen Lieferwagen hatte. Der fuhr uns sofort zum Hafenkrankenhaus, wo die Wunde genäht wurde. Ich weinte auch hier nicht, sondern der Arzt mußte mir Fragen zu Spritze und Nadel beantworten. »Ein tapferes Kerlchen«, meinte er, als ich stolz mit meinem dicken Kopfverband an Omas Hand hinausging.

Dieses Ruhebewahren ist mir auch später geblieben. Ein Jahr nach diesem Unfall hat es Erwachsene im Bombenhagel beschämt und von Angst geschüttelte Menschen zur Vernunft gebracht, wie Mutter und Oma in späteren Jahren erzählten.

In den nächsten Tagen war ich der Mittelpunkt der Bewunderung meiner Freunde, und beim Soldatspielen war ich der verwundete Held, der im Lazarett seine Blessuren ausheilen mußte. Mein toller Kopfverband erregte sogar die Aufmerksamkeit der großen Jungs, die sich sonst kaum um uns Kleinere kümmerten. Sie nahmen schon lieber an Luftschutzübungen teil oder standen am Anberg auf der langen Mauer und ließen handgroße Flugzeugmodelle an Zwirnsfäden kreisen. Es gab Jagdflugzeuge wie die ME 109 und die tollen Stukas, die sogar eine kleine Sirene hatten. Je schneller so ein Modell-Stuka kreiste, desto höher wurde das Pfeifen. Wwwüüüühh – brrrchwumm wurde das Heulen der stürzenden Bomben nachgeahmt, Fachausdrücke wie »Rolle«, »Looping« und »Feuerstoß« fielen, und die Luftsiege von Hans-Joachim Marseille, des »Sterns von Afrika«, damals als Fliegeras in aller Munde, wurden ausführlich besprochen.

Richtig aufregend aber wurde es für uns, wenn eine Kriegserklärung erfolgte: Kloppe war angesagt! Dann mußte Mutti unbedingt 20 Reichspfennig rausrücken, und ich lief als erstes zu »meiner« Drogerie und kaufte einen neuen Besenstiel. Wieder zu Hause zog ich mein Koppel durch zwei Bindfadenschlaufen, die einen rechteckigen Pappkarton hielten, auf den ein großes rotes Kreuz gemalt war, und schnallte es um. Außer dem Tommy-Helm besaß ich noch einen besonders schönen Kürassierhelm mit einer schwarzen Roßhaarbürste, den mein Vater aus Italien mitgebracht hatte. So ausgerüstet traf ich auf unsere Verbündeten aus dem Herrengraben und der Rehhoffstraße. Kloppe ging meistens gegen die Martin-Luther-Straße oder die Pastorenstraße.

In der Regel trafen die feindlichen Parteien auf dem Anberg zusammen und gingen aufeinander los. Wilde Fechtkämpfe entwickelten sich zwischen den Besenstielträgern, deren Waffen bald genug zerbrachen, und gingen in ein verbissenes Gerangel und Raufen über. Meistens machten die Erwachsenen der Schlacht ein Ende, oder eine Partei ergriff die Flucht.

Nachdem die sichere Zuflucht im Hof des Herrengrabens erreicht war, konnte ich stolz meine Schätze aus dem Sanitätskarton, wie Mullbinden oder Heftpflaster, zum Einsatz bringen, denn abgeschürfte Knie oder Ellbogen waren ehrenhafte Verwundungen. Voller Stolz wurde die Schlacht jetzt nachvollzogen, und jeder brüstete sich mit seinen Heldentaten.

Von Streckbutter, Möweneiern und anderen nahrhaften Dingen

Gehungert haben wir in den schweren Kriegstagen nie wirklich. Obwohl alles rationiert war, was uns laut Lebensmittelkarte zustand, war es stets in den Läden vorrätig. Die Hungertage kamen erst nach der Kapitulation, in den Jahren 1945 bis 1948.

An das, was wir gegessen haben, habe ich nur noch wenige Erinnerungen. Zitronen und Apfelsinen wurden manchmal zugeteilt, an Bananen erinnere ich mich von ferne. Einmal sah ich meiner Mutter zu, wie sie vier oder fünf rohe Eigelb in einen Klumpen Butter knetete. Mit dieser »Streckbutter« kamen wir dann länger aus.

Auch Sonderzuteilungen von Möweneiern erinnere ich, diese kleinen grün-schwarz gesprenkelten Dinger, die man mit einem Haps verzehren konnte. Wenn ich am Hafen Möwen sah, hielt ich stets Ausschau, ob nicht Eier herumlagen, denn von Brutzeit und Nestern wußte ich noch nichts.

An drei Herrlichkeiten kann ich mich aber besonders gut erinnern: Rundstücke mit Butter und appetitlich duftender, dick aufgestrichener Leberwurst, Kartoffelmus mit leckerer Speckstippe und Vanillepudding mit Himbeersaft. Wahrscheinlich, weil es diese Speisen zu besonderen Anlässen gab.

Mit einer speziellen Art von Heißhunger hat auch die folgende Episode zu tun, die mit einer kräftigen Tracht Prügel von Opa endete: Wie schon erwähnt, war ich häufig mit meinen Tanten Alice und Anneliese zusammen, die bei meinen Großeltern, also ihren Eltern, in der Wincklerstraße wohnten. Der Weg dahin war kurz: von der Pasmannstraße über den Anberg und den Michaelisstieg. Für den Fall eines Luftalarms sollte ich dort mit in den Luftschutzraum. Also war ich dort häufiger Gast, und zwar einer, der immer mit auffallendem Appetit reinhaute. Auf diesbezügliche Fragen soll ich geantwortet haben, daß ich noch nichts gegessen hätte, oder daß es so was Gutes zu Hause nicht gäbe. Das muß Mutti auf Umwegen zu Gehör gekommen sein.

Sie war sich nicht besonders grün mit ihren Schwiegereltern, die möglicherweise diese Angelegenheit etwas aufgebauscht hatten. Mutti lief jedenfalls wutentbrannt mit mir zu den Großeltern, wo mich im Verlauf der Diskussion mein sehr strenger Opa in ein hochnotpeinliches Verhör nahm. In die Enge getrieben, packte mich die Wut, und ich schrie ihm weinend ins Gesicht: »Du altes Arschloch«, wetzte aus dem Wohnzimmer den langen Flur entlang ins Treppenhaus, wo er mich dann erwischte.

Spinne oder Bomben?

Im Kriegsjahr 1942 nahmen die Luftalarme zu, meistens kamen sie nachts, aber es gab auch welche am Tage. Noch heute zucke ich zusammen, wenn bei Probealarm die Sirenen aufheulen, ein Relikt, das neben der Spenden-Sammeldose aus Adolfs unseligen Zeiten herübergerettet wurde.

Bereits bei Voralarm schnappte meine andere Oma sich ihren Luftschutzkoffer, den jeder mit wichtigen Papieren, Wertsachen und einer Wäscheausstattung bereithielt, lief von ihrer Wohnung um die Ecke des Herrengrabens zu uns und war Mutti beim Anziehen von Moppel (mein Bruder Gerhard) und Muschi (meine Schwester Marie-Luise) behilflich. Ich brauchte keine Hilfe mehr und war besonders stolz darauf, meine Schuhe mit einer Schleife selbst zubinden zu können.

Eines Tages, es muß schon Anfang 1943 gewesen sein, gab es wieder einmal Tagesalarm. Omi machte sich auf den gewohnten Weg und war erstaunt, aus unserer Wohnung nichts anderes zu hören als Kindergeschrei. Sie stürzte in die Küche, wo ich plärrte: »Mammi, Mammi, wir müssen in den Keller, wir müssen in den Keller, es ist Alarm«, und meine Mutter am Kleid zerrte.

Mutti stand stocksteif und hielt einen Stielschrubber in eine Fußbodenecke gepreßt, helle Panik stand ihr im Gesicht, aber sie sagte kein Wort zu mir. »Annemie, es ist gleich Vollalarm, was ist los?« schrie Omi und rüttelte sie am Arm. »Eine Spinne«, preßte Mutti hervor und regte sich immer noch nicht. So stand sie bereits seit fast zehn Minuten und hinderte das arme Insekt am Entkommen. »Bist du verrückt geworden, willst du dich von Bomben erschlagen lassen?« brüllte Omi, riß sie weg und trat die Spinne tot. »Eine Spinne ist schlimmer als Bomben, die sind mir scheißegal. Vor Spinnen habe ich Angst, und Bomben werden hier schon nicht fallen«, schrie Mutti zurück.

Plötzlich wurde sie puterrot und stürzte in unser Kinderzimmer, wo Moppel in seinem Bettchen schlief und Muschi mit ihrer Puppe spielte. Sie riß Moppel aus dem Bett, der wütend anfing zu brüllen, und zog ihn in fliegender Hast an. Ich hatte schon meinen Mantel an und wartete. Während Omi Muschi ankleidete, stürzte Mutti von Raum zu Raum und riß alle Fenster auf, wie es Vorschrift war, um bei Bombenexplosionen die Scheiben gegen den Luftdruck zu schützen. Omi lief schon, mit mir und Muschi im Schlepp, Moppel auf dem Arm, die Treppen hinunter. Mutti kam mit dem großen Koffer hinterher, lehnte die Wohnungstür an, wie es ebenfalls Vorschrift war, um Löschtrupps nicht zu behindern. Angst um sein Eigentum mußte niemand haben, denn auf Plünderung stand die Todesstrafe.

Vollalarm setzte bereits ein, und wir erreichten gerade noch den Luftschutzraum im Hof des Herrengrabens, der fast unter Omis Wohnung lag. Omi hatte zum Luftschutzraum im eigenen Haus nicht viel Vertrauen, sie meinte, die Decke sei zu dünn. Deshalb bevorzugten Mutti und sie den Luftschutzraum am Stubbenhuk, den sie nun aber aus Zeitmangel nicht mehr erreichen konnten.

Der Alarm war kurz, und wir konnten fröhlich wieder heimgehen. Nur Moppel protestierte immer noch lautstark wegen seines gewaltsam unterbrochenen Schlafs und kam erst in seinem Bettchen wieder zur Ruhe.

Moppel allein gegen die Bomber

1943 war die Anzahl der Nachtalarme immer häufiger geworden, und die Zeit, um in den Keller zu kommen, wurde immer kürzer. Aufschrecken, aus dem Bett stürzen und in fliegender Hast anziehen wurde zur Routine. Das Luftschutzgepäck stand stets griffbereit im Flur. Auch ich hatte meine Tasche dort stehen, die Windeln für unseren Moppel, ein Fläschchen mit Fencheltee und zwei Fläschchen mit Babybrei enthielt. Darauf paßte ich stets gewissenhaft auf, denn das Wutgebrüll unseres aus dem Schlaf gerissenen Moppel war nur mit der Flasche abzustellen. Einmal keifte eine ältere Frau meine Mutter an, dem Kind doch eine Tablette zu geben, und ich weiß zwar nicht mehr, was meine Mutter sagte, ich weiß aber noch, daß diese Frau sich weit zurücklehnte und schützend die Arme über den Kopf hielt. Andere Leute hielten meine Mutter zurück, während von draußen schon das Grummeln einschlagender Bomben zu hören war. Als alle den Atem anhielten und die Entfernung der Einschläge einzuschätzen versuchten, konnte sich Mutti endlich mit unserem Wutkopf befassen und ihm das Beruhigungsfläschchen geben.

Bei einem der nächsten Nachtalarme passierte folgendes: Moppel wurde in die zusammenklappbare Kinderkarre gepackt, die immer auf dem ersten Treppenabsatz hinter der Haustür stand und mit einem Fußsack ausgepolstert war. Dessen Kopfteil wurde über die Lehne gestülpt, so daß der Fußsack nicht aus der Karre rutschen konnte. Im Laufschritt ging es zum Stubbenhuk und dort weitere hundert Meter zum Schutzraum auf der rechten Seite kurz vor dem Baumwall.

Aufatmend erreichten wir diesen Schutzraum, die schweren, feuerhemmenden Stahltüren mit den zwei großen Vorreibern schlossen sich hinter uns. Plötzlich schrie meine Mutter: »Wo ist mein Kind, mein Kind ist weg«, und fing an, lauthals zu weinen: »Ich muß mein Kind suchen!« Die Karre war leer! Lediglich der darauf abgestellte Koffer, der vom Schiebegriff abgestützt wurde, war noch vorhanden, die Fußstütze war ausgeklinkt und pendelte lose über den Boden – Moppel samt Fußsack waren weg.

Der Luftschutzwart versuchte vergebens, meine sich wie eine Furie gebärdende Mutter zurückzuhalten, die mit Riesenkraft die schweren Riegel der Vorreiber herumriß, den Wart zurückstieß und auf die Straße stürzte. Diesem Wart flutschte ich gewissermaßen unter dem Arm durch und lief meiner Mutter nach. Über uns geisterten die Finger der Abwehrscheinwerfer über den Himmel und erhellten uns notdürftig den Weg in den ansonsten stockdunklen und leeren Straßen.

Kurz vor der Ecke Schaarsteinweg hörten wir schon ein Mordsgebrüll. Plötzlich setzte auch das Wummern der Flakabwehrgeschütze auf den Bunkern am Heiligengeistfeld ein, und meine Mutter stürzte schluchzend auf ein strampelndes Bündel mitten auf der Straßenkreuzung zu. Da lag er in seinem Strampelsack und brüllte seine ganze Empörung zum Himmel hinauf, als ob er damit die Tommys aufhalten wollte. Neben ihm lag auch sein Mäntelchen, das ich an mich riß, Mutter raffte das Brüderchen samt Fußsack an sich, und im Laufschritt ging es zum Schutzraum zurück.

Später haben wir nur eine Erklärung finden können: In der nächtlichen Eile hat Mutter wahrscheinlich Moppel in die Karre gesetzt, seine Beinchen in den Fußsack gesteckt und dabei versehentlich die über die Rückenlehne gestülpte Tasche, die dem Polster Halt gab, abgezogen. Die Fußraste muß schon vorher gelöst gewesen sein, so daß der Fußsack samt Moppel wie auf einer Rutsche lag und unbemerkt auf die Straße gleiten konnte. Ob sie in der Hast einfach über ihn gestiegen war oder die Karre seitwärts vorbeigeschoben hatte, denn in der anderen Hand hielt sie ja noch eine schwere Tasche, das konnten wir nie klären. Omi, meine Schwester und ich waren vorgelaufen und hatten deswegen nichts bemerkt.

Tod fällt vom Himmel und Bunkerwanderungen

Auch jetzt noch, nach fast fünfzig Jahren, bleibe ich minutenlang vor dem Grufteingang des Michels stehen und muß mich zusammenreißen, um das niedrige Gewölbe 1989 anläßlich einer Ausstellung wieder zu betreten. Die wenigen Bilder von den Bombenschäden am Michel gaben nichts wieder von Getöse, Not, Pein, Tränen, Tod, Geburt, bebendem Boden, Rauch, Mörtelstaub und Atemnot, die 46 Jahre vorher dieses Gewölbe in ein Inferno verwandelt haben.

Ab 1943 wurden die Luftangriffe der »Terrorbomber«, wie man sie nannte, zwar immer häufiger, was aber ein richtiger Terrorangriff war, sollte sich erst im Juli jenen Jahres zeigen. Gegen Mitternacht rissen uns die Sirenen wieder einmal aus dem Schlaf. Wir eilten durch die stockdunklen Straßen zum Luftschutzkeller Michaeliskirche. Es war das erste Mal, daß wir dorthin liefen. Opa meinte, daß es dort sicherer wäre als im Stubbenhuk. Es war wohl eine Fügung des Schicksals, daß wir zum Michel flüchteten, denn in dieser Bombennacht wurden die rund um den Stubbenhuk stehenden Gebäude zerbombt. Nur das heute noch stehende Gebäude mit dem Luftschutzraum blieb erhalten. Nach dem Krieg wurden dort Hafenarbeiter vermittelt, und ich konnte noch jahrelang die unmittelbar an der Außenwand befindliche Stahltür mit den großen Vorreibern sehen, wenn ich in den Trümmern der Ankerfirma Schmeding spielte.

Wir eilten also den Anberg hoch zum Michaelisstieg, auch unser Moppel konnte ja mittlerweile laufen, und hasteten zum Eingang des Michaelisbunkers, wenn man diese Katakomben aus heutiger Sicht so bezeichnen will. Hinter den Flügeln der Stahltür war ein kurzer Gang, und wir kamen zu einem kleinen Gewölbe, ca. 20 Quadratmeter groß. Vom Eingang gesehen befand sich ein weiterer Durchgang in der Ecke der rechten Wandseite. Wir setzten uns auf eine Holzbank fast in der Mitte des Raumes, und alsbald waren die einschlagenden Bomben zu hören. Das Getöse schwoll immer mehr an, der Boden begann zu vibrieren, fing an zu zittern und bebte mit dem Einschlag der Bomben in die umstehenden Häuser immer stärker.

Durch den Gang kamen brennende Frauen und Kinder gestürzt, die vor Schmerzen brüllten, und dazwischen war zu hören: »Sie haben auf uns geschossen, sie haben auf uns geschossen!« Männer spritzten die Menschen mit einem Schlauch ab, und wenn die Flammen nicht zu löschen waren, warfen sie sie auf den Boden und überschütteten sie mit Sand, wälzten die in wilder Hast in Wolldecken gehüllten Körper auf dem Boden hin und her, um so die hartnäckigen Flammen zu löschen. Der Raum füllte sich mit Rauch und Brandgeruch, dazu der Gestank verbrannten Fleisches. Mörtelstaub rieselte von der Decke und rundum das Geschrei und Weinen der von Panik erfüllten Menschen.

Das Getöse draußen und das Beben des Bodens wollten und wollten kein Ende nehmen, und dazwischen das eintönige Wurr-wurr, Wurr-wurr der Lufterneuerungsmaschine, die in einer Ecke hinter uns stand und deren Drehkurbeln links und rechts von zwei Marinern unermüdlich gedreht wurden. Plötzlich krachten in all den Lärm kurz hintereinander drei gewaltige Einschläge. Ich wurde auf der Bank in die Luft gehoben, schwebte und plumpste zurück auf den Sitzplatz. Aus dem

Durchgang zu den anderen Räumen quoll eine dicke Mörtelstaubwolke, und es herrschte auf einmal Totenstille.

In diese Stille sagte ich laut und vernehmlich: »Mutti, ich bin ja schon groß, und wenn was passiert, hole ich euch alle hier raus!« Einer der Mariner brach darauf in Tränen aus und rief: »Leute, wenn dieses tapfere Kerlchen so ruhig bleiben kann und so viel Mut zeigt, dann kann uns nichts passieren.« Ich kann mich an diese drei Einschläge ins Kirchenschiff ganz deutlich erinnern, an meine Worte nicht. Es gibt aber keinen Grund, daran zu zweifeln, denn Oma und Mutti haben diese Episode später immer wieder erzählt. Sie waren von dem Augenblick an vollkommen ruhig.

Plötzlich brach lautes Geschrei im Nebenraum aus: Eine Frau hatte ein Kind zur Welt gebracht. Es vergingen noch einige Stunden, zwischenzeitlich war Entwarnung gegeben worden, aber wir durften noch nicht hinaus. Die Leute wollten endlich wissen, wie es draußen aussah, und ich begleitete Mutti zu einer Ausstiegsluke. Sie sagte mir: »Ringsherum sind alle Häuser kaputt und brennen lichterloh!«

Endlich durften wir den Bunker verlassen und wollten heim, doch die Luftschutzwarte sagten uns, daß alle Häuser in der Pasmannstraße und am Herrengraben zerstört wären. Wir bekamen die Anweisung, zum Bunker im Bismarck-Denkmal zu gehen. So wanderten wir mit vielen anderen Menschen die Englische Planke hoch, durch die Mühlenstraße (spätere Gerstäckerstraße), an der Englischen Kirche vorbei zum Bismarck-Denkmal.

Links und rechts in der Mühlenstraße brannten die Häuser, nur in der Straßenmitte konnte man einigermaßen gehen, wobei man über niedergerissene Straßenbahn-Oberleitungen steigen mußte. Dort sah ich auch zum erstenmal schwarze, große Puppen, die in großen Mengen herumlagen. Auch für die massenhaft herumliegenden Stanniolstreifen hatten wir keine Erklärung.

Erst viel, viel später erfuhren wir, daß es sich um Phosphorleichen handelte, und konnten uns nun auch erklären, warum die Menschen in dem Bunker so hartnäckig weitergebrannt hatten – brennender Phosphor erlischt auch im Wasser nicht. Die Stanniolstreifen waren von den Bomberbesatzungen massenhaft abgeworfen worden, um damit die Ortungsgeräte der Luftabwehr lahmzulegen, was ihnen auch gründlich gelungen war.

Der liebe Gott schiebt

Durch Brandgeruch und rauchgeschwängerte Luft erreichten wir unter vielem Husten schließlich den Bismarck-Bunker. Der runde Sockel und ein Teil des Denkmals bestand aus Granitblöcken. Innerhalb des Denkmals war der Sockel als Bunker hergerichtet, in der Figur selbst befanden sich noch zwei oder drei runde Balustraden, die ebenfalls dazugehörten und mit Bänken und Notliegen ausgestattet waren. Seitlich am Sockel gab es zwei betonüberdachte Eingänge, die ca. 5 Meter unter dem Boden lagen, auch hier mit schweren Stahltüren gesichert, zu denen man wohl ungefähr 25 Stufen hinuntersteigen mußte.

Wir fanden auf einer der Balustraden Platz und überstanden hier einen kurzen Tagesalarm. Nach der Entwarnung schnappten wir oben am Sockel frische Luft. Nach einiger Zeit ging Oma mit den beiden Kleinen wieder in den Bunker. Ich stand mit Mutti an der Umfassungsmauer des Denkmals, und dann schlenderten wir hinüber zum ca. 1 Meter hohen Sockel, auf den Mutti sich setzte, um noch eine Zigarette zu rauchen, denn sie rauchte gern und viel.

Zu uns gesellte sich ein Mariner, der Mutti bat, ein kleines Päckchen wenn irgend möglich seiner Mutter zu bringen, da er jetzt umgehend an Bord müsse. Sonst sollten wir es öffnen und selbst verwenden. Mutti versprach es, und der Matrose eilte davon. Das kleine, in braunes Packpapier gehüllte Päckchen steckte sie in die Manteltasche. Wie sich später während des zweiten großen Luftangriffs herausstellte, den wir im Bunker Sylter Allee wohlbehalten überstanden, enthielt es einige Frikadellen und etwas Dauerwurst. Mutti hatte es geöffnet, weil es stark durchfettete.

Wir beide standen wohl noch 5 Minuten dort und genossen die rauchige Luft, die immer noch besser war als die im Bunker, als es plötzlich einen Riesenknall tat, und wir fanden uns unten hinter dem Bunkerzugang wieder! Wie waren wir da hingekommen? Eine Frage, die wir uns immer wieder stellten, für die wir aber keine Erklärung hatten. Lediglich an den enormen Knall erinnerten wir uns. Was vorher geschehen war, konnten wir nur teilweise rekonstruieren:

Wir standen beide an den Sockel gelehnt von der ca. 4 Meter linker Hand entfernten Bunkertreppe, als es knallte. Wie haben wir diese Entfernung, dann noch die ungefähr 25 Stufen hinunter und noch links hinein in den sicheren Vorraum des Bunkers geschafft? Auf diese Frage fanden wir keine Antwort. Meine Mutter sagte jedesmal, daß sie das Gefühl gehabt hätte, als schöbe sie jemand an der Schulter, nur weg, weg! Der Riesenknall stammte wahrscheinlich von einer der Zehn-Zentner-Luftminen, die verspätet hochging und von denen etliche über Hamburg von den Tommys abgeworfen worden waren. Daß wir keinerlei Verletzungen hatten, machte den Vorfall nur noch mysteriöser. Es sollte wohl so sein, und wir kamen nur zu einer plausiblen Antwort: Der liebe Gott hat geschoben.

Zweite Bombennacht im Bunker Sylter Allee

Aus dem Bismarck-Bunker mußten wir am späten Nachmittag ausziehen, weil er überfüllt war und man uns die baldige Evakuierung ankündigte. Doch vorher wanderten wir mit unserer wenigen Habe hinüber zum nahe gelegenen Bunker Sylter Allee.

Der Zugang zu diesem Bunker befand sich am Ende der Kersten-Miles-Brücke und ist heute mit Schutt und Erde verfüllt. Gleich daneben befindet sich die kleine, bergansteigende Zufahrtstraße zur Jugendherberge am Stintfang, an deren Stelle die Ruine der Seewarte stand, in der wir nach dem Krieg häufig gespielt haben. Ein weiterer Zugang besteht noch heute von den Landungsbrücken her, der Bunker ist zu einem Möbelhaus umfunktioniert worden.

Hier überstanden wir noch ein, zwei Tagesangriffe, und eines frühen Morgens konnten wir hinaus und beobachteten von der Kersten-Miles-Brücke aus brennende Schiffe im Hafen und die Riesenqualmwolken, die dick und schwarz am jenseitigen Elbufer hochstiegen. Sie stammten von brennenden Öltanks des Petroleumhafens.

Am späten Nachmittag wurden wir aufgefordert, uns zu sammeln: Die Evakuierung sollte beginnen. Es gab großes Getümmel, jeder wollte wissen, wo es hingeht, aber die Luftschutzwarte und Männer vom SHD konnten keine Auskunft geben. Sie sagten uns lediglich, daß wir zur Überseebrücke gehen sollten, unterwegs sollten wir noch an den Vorsetzen Verpflegung erhalten.

Ein langer, schwerbeladener Zug von Frauen, Kindern und alten Menschen setzte sich schließlich in Bewegung Richtung Kuhberg und weiter an den Vorsetzen entlang zur Überseebrücke. Aus heutiger Sicht kann ich nur sagen, daß die mit Koffern, Kartons und Kisten beladenen Menschen überhaupt

Nur raus aus Hamburg! Die Ausgebombten versuchen mitzunehmen, was ihnen an Habseligkeiten geblieben ist.

nicht aufgeregt waren, sie waren eher von einer steinernen Ruhe erfaßt.

An der Überseebrücke stauten sich die Menschenmengen und wurden in geordneten Reihen auf die lange Zugangsbrücke zu den Pontons geschleust, an denen Dampfschlepper, Barkassen und kleine Fährdampfer lagen. Die Barkassen und Schlepper hatten teilweise Schleppschuten angetäut. Die vollbeladenen Schleppzüge setzten sich elbaufwärts und elbabwärts in Fahrt. Schließlich gingen auch wir, Mutti, Oma, Marie-Luise, Gerhard und ich an Bord eines Schleppers, an dessen niedriger Bordwand wir uns auf die eisernen Decksplatten setzten, die sich vor dem Steuerhaus befanden. Unser trauriger Zug setzte sich nun elbaufwärts in Bewegung, am Kehrwieder-Turm vorbei nach Lauenburg.

Wir passierten das Häusermeer von Rothenburgsort, das sich uns völlig unbeschädigt darbot, ein Bild wie aus einem Märchen. Oma sagte noch zu Mutti: »Guck mal, die Rothenburgsorter haben ein Riesenglück gehabt, da ist alles heil.« Sie konnte nicht ahnen, daß nur zwei Tage später dieser Stadtteil in einem Feuersturm unvorstellbaren Ausmaßes untergehen sollte, der noch mehr Menschen als beim ersten großen Nachtangriff einen grausigen Tod brachte.

Nach diesem zweiten großen Terrorangriff hatten allein im Juli 1943 ca. 41.800 Menschen den Tod gefunden, 125.000 Personen waren mehr oder minder schwer verletzt, verursacht von 2.870 Bomberbesatzungen mit rund 8.220 schweren Sprengbomben aller Größen bis hinauf zur Zehn-Zentner-Luftmine und mehr als 1,2 Millionen Brandstabbomben (Phosphor) (Quelle: Brunswig, Feuersturm über Hamburg, 1985).

Leberwurstbrötchen und schwarzer Aschenregen

Nach einer längeren Schlepperfahrt die Elbe hinauf erreichten wir den Anleger von Lauenburg. Auf dem Ponton wurden wir schon erwartet, denn die Behörden hatten erste Notunterkünfte vorbereitet, um die Ausgebombten, wie man das damals nannte, unterzubringen. Wir wurden in die Obhut von netten Leuten gegeben, die uns nur wenige Meter weiter in ein kleines Haus direkt an der Elbe mitnahmen. Es war die Schlachterei Jarmer, eine Familie, die uns liebevoll umsorgte und deren Nachfahren noch heute in Lauenburg eine Schlachterei betreiben.

Am nächsten Morgen wurde es geradezu märchenhaft. Ich habe niemals die leckeren Leberwurstbrötchen vergessen, von denen wir Kinder essen durften, so viel wir verdrücken konnten. Doch auch diese Herrlichkeit fand ein Ende, wir wurden in ein Barackenlager des Reichsarbeitsdienstes (RAD) umquartiert, um dort abzuwarten, wohin man uns evakuieren wollte.

In der ersten Nacht erwachte ich von Donnergegrummel und durfte mit Mutti hinausgehen. Wir sahen einen dunkelrot-schwärzlichen Himmel, der in Richtung Hamburg gloste. Es war die Nacht des Feuersturms, der durch die Straßen von Hammerbrook und Rothenburgsort raste, Menschen durch die Gewalt der angesaugten Luft in die rasenden Flammen zog und selbst die vermeintlich Glücklichen, die ins Wasser eines Fleets springen konnten, förmlich kochte oder im schwimmenden, brennenden Phosphor elend erstickte. Doch das erfuhren wir erst nach dem Krieg, da in der gleichgeschalteten Presse über solche Greuel nicht berichtet werden durfte.

Am nächsten Tag war der Himmel über Hamburg mit schwarzen Rauchwolken verdeckt. Über die Umgebung, auch über Lauenburg und unserem Lager, ging ein stetiger trockener Aschenregen nieder. Ich erinnere mich, daß ich sogar große Stücke von verkohltem Papier auffing und in der Hand verrieb.

Nach ganz kurzer Zeit wurde uns das Ziel unserer Evakuierung bekanntgegeben. Es sollte nach Hohenkirch/Westpreußen gehen. Die Zugfahrt dauerte ziemlich lange.

Kartoffelmus und Speckstippe

Dem Charme und dem guten Aussehen unserer Mutter verdankten wir es, daß ein junger Offizier für uns fünf ein Abteil freimachte, so daß wir verhältnismäßig bequem die lange Eisenbahnfahrt überstanden. Am späten Abend, bei völliger Dunkelheit, hielt der Zug auf einer kleinen, einsamen Station in Westpreußen.

Wir hatten Hohenkirch, ein kleines Dorf und Rittergut, gelegen zwischen den Städten Graudenz und Thorn, gefunden. Wir wurden mit unserem Gepäck in eine Kutsche verfrachtet, und ab ging es in flottem Trab zum Rittergut. Unsere Hoffnung, Ruhe zu finden, wurde durch den Empfang an der Freitreppe des Gutes bestärkt, denn hier standen eine junge Frau, ein Junge in meinem Alter und einige Dienstmädchen, die artig vor uns knicksten. Es war alles ziemlich dunkel, denn es gab hier noch kein elektrisches Licht, sondern nur Petroleumlampen.

Wir wurden erst einmal in ein Wohnzimmer geführt, wo ein weißgedeckter Tisch mit einem Abendessen stand. Es gab Kartoffelmus mit einer wunderbaren Speckstippe, ein herrliches Essen, bei dem ich kräftig zulangte. In der ersten Etage war für uns ein großes Zimmer mit hoher Stuckdecke freigemacht worden, in dem wir nun die nächsten Monate wohnen sollten.

Schon am nächsten Morgen zeigte es sich, daß es mit der ersehnten Ruhe nicht weit her war. Es stellte sich heraus, daß die junge Gutsbesitzersfrau nicht gerade erbaut war über die Einquartierung. Unsere Lebensmittelkarten wurden uns abverlangt, und in der Folgezeit war Schmalhans bei uns Küchenmeister, denn wir wurden aus der Gutsküche mit verpflegt. Dieses Essen war ärmlich und einfallslos und brachte Oma und Mutti immer wieder in Rage. Es war vorauszusehen, daß unsere Mutter, die sehr energisch werden konnte, das nicht lange hinnehmen würde.

Es gab wenig Fleisch, will sagen, mikroskopisch kleine Portionen, nur Brot, Margarine und Marmelade, selten einmal ein wenig Wurst, von Eiern gar nicht zu reden. Mutti stellte die Frau etliche Male zur Rede, bekam aber nur schnippische Antworten, wie zum Beispiel, daß die Eier der riesigen Hühnerschar an die Versorgungs- und Sammelstelle abgegeben werden müßten und man selbst kaum ein Ei übrig hätte. Dabei standen uns auf den Lebensmittelkarten ja Eier und andere uns vorenthaltene Dinge wie Butter usw. zu.

Hier in Hohenkirch wurde ich endlich eingeschult, denn

meine schon in Hamburg erfolgte Schulanmeldung war durch die Bombenangriffe hinfällig geworden.

Mit dem Personal freundeten wir uns schnell an. Die Deutschpolen waren überaus herzlich und halfen, wo sie nur konnten. Sie hatten den Überfall Hitlers auf Polen in verschiedenen Verstecken überstanden und erzählten Oma und Mutti von Kriegsgreueln, die sie erlebt haben. Damals wurden Freunde zu Feinden, Polen kämpften gegen Deutschpolen, von vergewaltigten und ermordeten Frauen wurde erzählt, von verstümmelten Männern und an der Zunge auf den Tisch genagelten Kindern.

Besonders ein Dienstmädchen kümmerte sich um uns. Wir nannten sie Scolla, ihren richtigen Namen habe ich vergessen. Wir Kinder waren häufig in der weißgestrichenen, strohgedeckten Kate, in der eine große Familie wohnte. Dabei ging es uns ganz besonders um die vielen Kaninchen, mit denen wir spielen durften.

Hier lernten wir auch eine Hülsenfrucht kennen, die linsenähnlichen Peluschken, die viel kleiner und etwas bitterer waren als die uns bekannten Linsen, mit gebratenem Speck und Kartoffeln aber sehr gut schmeckten. Die uns liebgewordene deutsch-polnische Familie hat uns auch nach unserem Wegzug nach Österreich nicht vergessen. Wir bekamen trotz ihrer kleinen Vorräte zu Weihnachten 1944 einen großen Sack dieser Peluschken und zwei abgehäutete Kaninchen geschickt.

Mit dem Sohn des Hauses, Hänschen genannt, war ich in einer Klasse. Wir steckten viel zusammen, stromerten überall herum und vertrugen uns einigermaßen, obwohl oft genug eine Hochnäsigkeit über den ausgebombten Freund zum Vorschein kam. Auch seine Mutter war über unser Zusammensein nicht sehr erbaut und versuchte immer wieder, uns zu trennen. Trotzdem fanden wir beide Gelegenheiten, im riesigen Garten zu verschwinden, auf die Obstbäume zu klettern und Äpfel und Birnen zu pflücken.

Hengstpimmel, Russenlager, Onkel Carl-Heinz und der Vanillepudding

Eines Tages lief ich den kiesbestreuten breiten Weg der Auffahrt zum Gutshaus hinunter und blieb staunend stehen: Vor dem eisernen Torgitter stand eine Art Panjewagen mit einem davorgespannten Pferd. Pferde hatte ich zwar schon einige gesehen, aber so eines noch nie! Unter seinem Bauch hing ein heller, gerippter Schlauch, der mich an einen Gasmaskenschlauch erinnerte. Er endete dicht über dem Boden und tropfte. War das Pferd krank? Vorsichtig trat ich näher und bückte mich, um diese seltsame Sache zu untersuchen. Der Schlauch endete in der Haut zwischen den Hinterbeinen und schaukelte, wenn das Pferd mit einem Hinterhuf scharrte.

Ich fand einfach keine Erklärung. Aber plötzlich ergoß sich ein dicker gelblicher Strahl aus dem Schlauchende und pladderte auf den Boden. Ja natürlich! Der Gaul pinkelte, also war der Schlauch das, was auch ich besaß, nur sehr viel größer. Nun war meine Neugier befriedigt, und ich trollte mich hinüber zum Russenlager.

Links und rechts der Einfahrt zum riesengroßen Gutshof, in dessen Mitte ein Ententeich war, standen zwei aus Ziegelsteinen gemauerte, türmchenbewehrte Pfeiler. Neben diesen befand sich das Lager der kriegsgefangenen Russen, die auf dem Gut arbeiten mußten. Sie wurden von zwei deutschen Soldaten bewacht. Die Unterkunft der Russen bestand aus einer ärmlichen, mit Stroh gedeckten Lehmkate. Auf dem Vorplatz, der bei Regen in fußtiefen Matsch verwandelt wurde, konnten sich die Gefangenen »ergehen«. Hier spielten heute meine beiden Geschwister Zirkus, tobten herum, machten viele Fratzen und allerlei anderen Blödsinn. Ich gesellte mich dazu, und schon bald tobten wir gemeinsam. Die Russen standen vor ihrer Kate, klatschten in die Hände und freuten sich wie Kinder über unsere Kapriolen. In einem günstigen Moment steckte ich einem von ihnen einen großen Kanten Brot zu, was uns streng verboten war, aber die armen Kerle waren immer hungrig, weil ihre Nahrung nicht gerade die reichhaltigste war. Bei dem Geiz der Gutsherrin konnte man sich das gut vorstellen.

Dann, eines Tages, ein großes Ereignis: Unser Onkel Carl-Heinz, der Bruder meiner Mutter, hatte wegen unserer Ausbombung und Evakuierung Sonderurlaub erhalten. Wie ich viel später erfuhr, kamen auch seine Frau Inge und unser Vater, der ebenfalls Sonderurlaub erhalten hatte. Wie konnte ich das vergessen? Das Wahrscheinlichste ist, daß sich mir nur ganz besonders markante Geschehnisse einprägten. So auch Erinnerungen an meinen Onkel Carl-Heinz.

Wir saßen an einem Sonntag beim Mittagessen. Zum Nachtisch gab es Vanillepudding mit Himbeersaft, den ich bis auf das letzte kleine Häppchen vertilgte. Nur wollte und wollte der Puddingrest nicht auf den kleinen Löffel, und so schob ich ihn erst an den Tellerrand und dann mit dem Zeigefinger auf den Löffel. Daß sich das eigentlich nicht gehörte, wußte ich natürlich, deshalb auch mein vorheriger Kampf mit dem widerspenstigen Stückchen Pudding.

Onkel Carl-Heinz hatte mich beobachtet und sagte, wobei er mir ein Stückchen von seinem Pudding gab: »Schieb das Stückchen mal zum hinteren Tellerrand und versuch diesmal, es ohne Finger auf den Löffel zu bekommen. Das geht viel besser, und es sieht auch besser aus, wenn du mal zu Besuch bist.«

Siehe da, es ging! Das habe ich mir gemerkt und gebrauchte nie wieder einen Finger, um Speisen auf Löffel oder Gabel zu bugsieren.

Rapsernte und Kaleschenfahrt zur Entenjagd

Der Sommer war schön und sonnig, und wir Kinder durften mit dem Erntewagen und den Landarbeitern, die aus Russen, Polen und Deutschen bestanden, hinausfahren auf die gelbwogenden Felder, die abgeerntet werden mußten. Hier konnten sogar wir mit zupacken, was wir auch mehr oder minder eifrig taten.

Mittags wurde am Feldrand gegessen. Es schmeckte prima, denn wir hatten kräftigen Hunger bekommen. Mehrmals durften wir hoch oben auf dem beladenen Pferdefuhrwerk zurück zum Gut fahren und waren abends todmüde, was sich daran zeigte, daß wir ohne irgendwelche Ermahnungen in unserem gemeinsamen Bett einschliefen.

Noch während Onkel Carl-Heinz zu Besuch war, kam auch der Gutsherr, ein Oberst der Wehrmacht, auf Urlaub. Er war ein großgewachsener Mann, der streng durch sein Monokel blickte. Unser Onkel, der Leutnant bei der Artillerie war, unterhielt sich viel mit ihm über den Krieg. So erfuhr ich, daß er bei der Finnland-Armee in Karelien an der Katalatscha-Front kämpfte und über viel Fronterfahrung verfügte. Ich kleiner Bengel hatte natürlich Kakerlatschen-Front verstanden!

Der Gutsherr lud unseren Onkel zur Entenjagd ein, und ich und Hänschen durften nach einiger Bettelei und unter strengen Ermahnungen, still zu sein, mitfahren. Als der Abend dämmerte, ging es in einer Kalesche zu einem See, der ziemlich weit entfernt war. Diese Fahrt im Zwielicht vergesse ich nie. Der Rascheltrab der Pferde auf dem Sandweg, die beiden uniformierten Männer, der Hund auf dem Boden der Kalesche und Hänschen mit mir auf der zweiten Sitzbank.

Als wir zum See kamen, ging es in einem Boot hinaus ins Schilf, wo wir mucksmäuschenstill auf die Enten lauerten. Der Jagdhund des Gutsherrn stöberte die Enten auf, und der

Oberst schoß. Immer, wenn eine Ente platschend ins Wasser fiel, schwamm der Hund hinaus und apportierte das erlegte Flugwild. Dieses Erlebnis sorgte für viel Gesprächsstoff.

Die Besuchstage gingen leider viel zu bald zu Ende, und der Alltag mit den täglichen Sorgen kehrte wieder ein. Die Gutsherrin, die sich mit dem täglichen Essensplan keine Blöße gegeben hatte, kehrte zurück zu ihrem Geiz, was unsere Mutter immer noch, wenn auch grollend schluckte, weil Oma sie immer wieder beruhigte. Als aber eines Tages in der Suppe nur Putenhaut und kein Fleisch zu finden war, war für Mutti das Maß voll.

Laut schimpfend stieg sie die Treppe zum Dachboden hinauf, trat dort die Tür zur Vorratskammer ein und schnappte sich u. a. eine magere und eine fette Speckseite. Triumphierend stand sie oben am Geländer und rief zur Gutsherrin hinunter, daß sie nur ihr gutes Recht geltend machen würde. Alle waren ob des Getöses zusammengelaufen, die Dienstmädchen feixten und beobachteten schadenfroh ihre Chefin, die nichts zu sagen wagte, denn die Kammer war übervoll mit den feinsten Lebensmitteln, die bestimmt nicht der Vorratsstelle gemeldet waren. Bei uns war jedenfalls für einige Zeit Fettlebe, und Mutti war zufrieden mit ihrer Beute, die nicht nur aus dem Speck bestand.

So vergingen die Tage, bis unser Vater eine Bleibe für uns in Österreich, in Vorarlberg bei Bludenz, gefunden hatte, wo er stationiert war. Unsere Habe wurde frohgemut geschnürt, denn richtig wohl gefühlt haben wir uns in Hohenkirch nie. Glück hatten wir auch, noch im Januar 1944 wegzukommen, denn bald darauf wurde diese Ecke Kampfgebiet mit den bekannten grauenhaften Folgen für die Bevölkerung.

Österreichs Bergwelt und die Groschenfrage

Unser Auszug aus dem Rittergut verlief deutlich anders als unsere Ankunft. Waren wir damals mit einer Kutsche zum Gut gefahren, so tat es nun ein simpler Leiterwagen mit davorgespanntem Klepper. Aber das focht uns nicht an, sollten wir doch endlich unseren Vater wiedersehen und eine eigene Wohnung haben.

Die Eisenbahnfahrt dauerte zwei Tage und Nächte. Unsere Mutter hatte wieder einen Beamten bezirzt, der uns ein eigenes Abteil verschafft hatte. Das war ein enormer Vorteil, denn die Züge waren ja gestopft voll mit Fronturlaubern und Genesenden aus den Lazaretten. Jeder schleppte außerdem einen großen Rucksack oder Tornister, Gasmaskenbehälter, Kochgeschirr, Gewehr und Stahlhelm mit sich. Diese Gegenstände verstellten alle Durchgänge im Zug.

Wieder spät abends kamen wir in Bludenz an, wo uns Vater schon erwartete. Er hatte einen Militärlaster organisiert, und wir wurden samt Gepäck darauf verfrachtet. Alles was nicht ganz rechtmäßig war, nannte man damals »organisieren«, ein Wort, das in den Jahren nach dem Krieg noch größere Bedeutung erlangte.

Wir fuhren drei Kilometer weiter in das Dörfchen Nüziders, und wir todmüden Gören jumpten ohne Murren in die bereitstehenden Betten unserer neuen Behausung, die für einenhalb Jahre unsere Bleibe sein sollte. Am nächsten Morgen erwachten wir bei strahlendem Sonnenschein und wollten natürlich unbedingt unsere neue Umgebung sehen. Schon ein Blick aus dem Schlafzimmerfenster zeigte uns, daß wir in ein kleines Paradies gekommen waren. Hohe, schneebedeckte Berge präsentierten sich vor uns, ein traumhaftes Panorama.

Nach dem Frühstück tobten wir drei mit Gepolter die hölzerne Treppe hinunter auf die Dorfstraße und schauten uns neugierig um. Das mit Mörtel verputzte, einstöckige Haus hatte einen hölzernen Anbau, der als Scheune diente. Darunter war ein Kuhstall mit einigen Kühen und einem Schweinekoben. Hinter dem Haus lag ein großer Garten mit Obstbäumen und einem Walnußbaum. Auf der Straßenseite gegenüber war eine Bäckerei, deren Hausecke in die Straße hineinragte und sie dadurch verengte. Dicht dahinter erhoben sich die bewaldeten Berge, etwas weiter entfernt stand die Burgruine der Sonnenburg, in der wir viele Male spielen sollten.

Bald schon hatten wir Kontakt zu den Dorfkindern gefunden, deren Sprache für uns ein unverständliches Kauderwelsch war und die sich wiederum über unsere Sprache amüsierten. Im Gegensatz zu uns konnten sie uns aber verstehen, denn in der Schule mußten sie hochdeutsch sprechen. Das einzige Wort, das wir zu verstehen meinten, war »gell?«, und wir zeigten ihnen des öfteren einen oder zwei Groschen, worauf sie sich vor Lachen ausschütten wollten.

Diese Sprachschwierigkeiten dauerten aber nur ein paar Tage. Insbesondere unsere Muschi plapperte bald denselben Dialekt, so daß Oma und Mutti verzweifelten und wir dolmetschen mußten.

Wiedereinschulung, erste Freunde und der Prügler

Hatten wir schon in Westpreußen die nächtliche Ruhe ohne Bombenalarm und hastigem Aufstehen genossen, so kamen hier in Österreich noch die landschaftlichen Schönheiten hinzu. Vater war vorerst noch für uns und Mutti in der Kaserne erreichbar, was prompt dazu führte, daß Mutti schwanger wurde.

Ich wurde nach langer Pause an der örtlichen Volksschule eingeschult. Das Lernen machte mir aber keine Schwierigkeiten, insbesondere das Lesen erlernte ich sehr schnell. Ich verschlang alles, was greifbar war, von der Zeitung bis zu Märchenbüchern. Mein Lesehunger war so groß, daß ich bereits mit acht Jahren Ludwig Ganghofers »Waldrausch« las, dessen Handlung ich Jahre später in dem gleichnamigen Spielfilm erinnerte. Diesen Lesehunger hatten auch meine Geschwister.

Ich hatte Glück mit meiner ersten Lehrerin, einer jungen Frau, wie auch dem anderen Lehrpersonal. Bis auf den Rektor, einen älteren Mann, der außerdem noch Parteileiter der örtlichen NSDAP war. Dieser trug zu nationalen Anlässen nicht nur seine braune Uniform stolz zur Schau, sondern nutzte seine exponierte Stellung auch zu seinem privaten Vorteil aus. Mir ist dieser Mann in besonders unliebsamer Erinnerung geblieben, weil ich eines Tages in sein Haus zitiert wurde. Dort wurde ich kräftig mit dem Rohrstock von ihm verdroschen, weil ich seinen Sohn geschlagen hatte, was ich erst hinterher erfuhr.

In der Klasse freundete ich mich sehr schnell mit dem rothaarigen, sommersprossigen Arthur an. Zwei Bengels, die nur noch im Duo auftraten und vieles ausfraßen. Moppel steckte mit dem Bruder Arthurs, mit Raffael, zusammen. Die beiden waren die dreckigsten Jungs im ganzen Ort. Schlammstellen und Pfützen wurden mit absoluter Sicherheit von ihnen ausgemacht. Oma und Mutti verzweifelten schier, da Moppel jeden Abend erst einmal abgeschrubbt werden mußte. An die Freundinnen von Muschi kann ich mich nicht erinnern, denn wir hatten mit den Mädchen nicht viel im Sinn.

Wir lernten dann auch die ersten einheimischen Speisen kennen, wie zum Beispiel den Riepel. Dieses Gericht wurde in einer gußeisernen Pfanne aus geröstetem Maisgrieß mit Speck zubereitet. Meistens wurde die Pfanne auf den Tisch gestellt, und alle löffelten einträchtig daraus. Mir hat das immer köstlich geschmeckt. Lecker waren auch »Schnupfennudeln«, wie wir sie nannten. Das waren gekochte Hörnchennudeln, über die harter Käse gerieben wurde, außerdem wurde Schmelzkäse hinzugegeben. Wenn man die Nudeln löffelte, zogen sie wunderbar lange Käsefäden, eben Schnupfennudeln. Auch Weinbergschnecken habe ich bei einem Klassenkameraden einmal gegessen, die zwar ohne Kräuterbutter zubereitet waren, mir aber trotzdem geschmeckt haben.

Besonders auffällig war, daß viele Notschlachtungen vorgenommen werden mußten. Alle naselang war das der Fall, denn nur so konnte man die Fleischmarkenportionen aufbessern, und wir alle profitierten davon. Wie schon gesagt, standen alle Lebensmittel unter Verwaltung der Wirtschaftsämter, und die Bauern hatten sehr viel abzuliefern. So halfen nur die Notschlachtungen, denn dieses Fleisch mußte ja besonders schnell verbraucht werden.

So kam ich denn eines Tages mit einem halben Kuhbein angeschleppt, das ich neben einem Mülleimer gefunden hatte. Oma beäugte es kritisch und kam zu dem Schluß, daß es noch gut war, und sägte es kurzerhand in topfgerechte Stücke. Wir freuten uns schon mächtig auf die fette Suppe, aber Pustekuchen! Beim Kochen stellte sich heraus, daß neben den schönen Fettaugen eine riesige Menge kleiner Maden schwammen. Die Fliegen hatten uns einen Strich durch die Rechnung gemacht.

Rechtzeitig zum Frühjahr 1944 hatten wir ein kleines Stück Land zugeteilt bekommen. In der damaligen Zeit propagierten die Nazis die Selbstversorgung. Selbst kleinste Wiesenstücke wurden bepflanzbar gemacht, und so wurden Tomaten, Erbsen, Bohnen, Gurken, Kürbisse, Zwiebeln, Kartoffeln, Wurzeln und Kohl selbst gezogen, ausgepflanzt und liebevoll gepflegt. Selbst wir Kinder halfen so viel wir konnten. Köstlich haben mir die ersten rohen Erbsen meines Lebens geschmeckt, die ich heimlich vom Busch gepflückt hatte. Aber ich weiß auch, daß mir der Rücken ganz schön weh tat vom dauernden Bücken beim Unkrautziehen.

Muttertag, Amokhühner und Maikäferspiele

Die Welt schien damals noch in Ordnung: Im Frühling waren die Wiesen mit den allerschönsten Blumen übersät, im Wald fand man noch Veilchen und wilde Erdbeeren. Am Morgen des Muttertags standen wir Kinder ganz früh und heimlich auf und liefen zu einer Bergwiese, die quasi vor der Tür lag. Hier pflückten wir drei Riesenbunde Primeln, die wir Himmelschlüssel nannten, und stellten sie Mutti und Oma ans Bett. Dann versuchten wir, Frühstück zu machen, und Oma gab eine kleine Hilfestellung. Anschließend weckten wir Mutti und saßen einträchtig am Frühstückstisch.

Als die Maikäferzeit anbrach, gab es Riesenmengen Käfer. Mit Vorliebe saßen diese auf den Birken, noch von der Morgenkühle erstarrt. Schon bei leichtem Schütteln regneten sie herab, und wir sammelten die großen Insekten aus dem Gras und taten sie in Weckgläser, zusammen mit einigen Blättern, damit sie was zu fressen hatten. Schon bald konnten wir an den Fühlern männliche von weiblichen Tieren unterscheiden, die auch mit den spitz zulaufenden Afterspitzen zwecks Paarung zusammenhingen. Das sah ulkig aus, denn einer der Käfer war immer in Rückenlage, wie man sie auch drehte.

Wir spielten mit den großen Käfern beispielsweise Zirkus, indem wir versuchten, sie übereinander zu stapeln. Man mußte nur aufpassen, daß sie nicht davonflogen, aber das konnte man am Pumpen der Flügeldecken sehen. Flog ein Käfer herum, surrte er sehr laut. Das gefiel uns, und so kamen wir auf die Idee, einen langen Zwirnsfaden an ein Käferbein zu knoten und den Faden in losen Schlingen auszulegen. Das Ende hielten wir fest und warteten nun, daß der Käfer davonflog. Es war immer wieder interessant zu sehen, wie sich die großen Zwirnsschlingen auflösten und der gefesselte Käfer immerzu im Kreis flog.

Einmal warf Moppel zufällig einige Maikäfer in ein Hühnergehege, was für mächtige Aufregung sorgte. Die Hühner stürzten sich mit lautem Gegacker auf die fetten Maikäfer und pickten sie gierig auf. Als wir ein volles Glas Käfer hineinschütteten, brach eine noch mächtigere Gackerei aus, die Hühner wurden förmlich wild, stürzten sich auf- und übereinander, schlugen wie verrückt mit den Flügeln und kämpften regelrecht um die Beute. Das wilde Gezeter rief die Bäuerin herbei, die vermutete, daß ein Fuchs im Hühnergehege sei. Als sie sah, was los war, begann sie ihrerseits mächtig zu zetern und jagte uns schimpfend davon. Das konnten wir gar nicht verstehen, weil wir dachten, den Hühnern ein feines Futter vorgeworfen zu haben. Ein bäuerlicher Klassenkamerad erklärte uns die Aufregung der Bäuerin. Es würden sich Käferbeine oder Flügeldecken in den Eiern wiederfinden, weil das harte Chitin der Käferpanzerung unverdaulich war.

Muschi hatte noch eine andere Idee. Sie wollte einige Maikäfer aufbewahren und später wieder mit ihnen spielen, und so versteckte sie ein paar davon. Eines kalten Tages zum Ende des Jahres erklang ein markerschütternder Schrei aus dem Schlafzimmer. Oma bröselte mit ekelverzerrtem Gesicht vertrocknete Maikäferstücke aus ihren Handschuhen!

Das Hohelied auf Oma

Hätte es Oma nicht gegeben, wäre Mutti wohl mit uns drei Gören nie zu Rande gekommen. Oma war schon seit Anfang der zwanziger Jahre Witwe, ihr Mann, ein Kapitän, blieb bei der Überführung einer Brigg von Riga nach Kiel auf der Ostsee verschollen. Ihr Kummer war, daß sie nur eine sehr kleine Witwenrente von der Seeberufsgenossenschaft bekam, denn diese Rente richtete sich immer nach der Größe des Schiffes, das der Verunglückte fuhr.

Obwohl die Versorgung im sogenannten Dritten Reich weitestgehend funktionierte, reichte der schmale Wehrsold von Vater kaum für die ganze Familie. Da Oma Damen- und Herrenschneiderin war, begann sie im Dorf mit Schneiderarbeiten. Sehr schnell hatte sich das herumgesprochen, und schon bald kamen aus den umliegenden Dörfern Anfragen. Da viele Wünsche aus Tschagguns und anderen hochgelegenen Orten kamen, was eine lange Busfahrt bedeutete, war sie vom frühen Morgen bis zum späten Abend unterwegs. Wenn sie dann todmüde heimkam, setzte sie sich noch an unsere Flickarbeiten, kochte Essen vor und erledigte allerlei andere Hausarbeiten.

Für ihre Arbeit erhielt sie nicht immer Geld. Häufig wurde sie mit Lebensmitteln bezahlt und kam mal mit Eiern, einem gerupften Huhn, geschlachteten Kaninchen oder mit Räucherfleisch heim. Besonders an große Mengen von geräuchertem Schaffleisch erinnere ich mich, das meine Geschwister nicht mochten, ich aber sehr gerne aß.

Oma war unermüdlich für uns da. Mutti versorgte uns zwar auch bestens, aber sie war auch häufig bei Vater in der Kaserne und mit ihren Freundinnen Frau Danz und Frau Holzberger zusammen. Diese beiden gleichaltrigen Frauen waren ebenfalls nicht einheimisch.

Oma schneiderte manchmal auch daheim und sehr viel im Dorf. Besonders für eine Familie hatte sie viel zu nähen, weil diese wohl durch Beziehungen öfter neue Stoffe hatte, die Oma dann verarbeitete. Ich erinnere aus dieser Familie eine Bäuerin, die bei den häufigen Anproben immer wieder stereotyp fragte: »Gellen (bejahen) Sie den Stoff?«

Vom Bratkartoffelverhältnis, von Muttis Verehrer und dem Holzschlachtschiff

Eines Tages gab es mächtige Aufregung, Mutti schimpfte ununterbrochen vor sich hin. Sie hatte durch irgendwelche unerfindlichen Kanäle erfahren, daß unser Vater in Bludenz ein Techtelmechtel, ein sogenanntes Bratkartoffelverhältnis hatte. Erst in späteren Jahren erfuhr ich, was geschehen war.

Bei einer Tanzveranstaltung im Wehrmachtskasino der Kaserne in Bludenz hatte Mutti in angeschickertem Zustand sehr heftig mit Vatis Divisionskommandeur geflirtet. Wie das so ist, hatte Vater sich eifersüchtig einer anderen Frau zugewendet, ohne zu ahnen, daß daraus mehr werden könnte. Der harmlose Flirt und Rausch unserer Mutter endete am nächsten Morgen mit einem Riesenkater, während unser Vater, der nie viel trank, gut davongekommen war. Erst Wochen später erfuhr Mutter von dieser Frau. Sie wanderte die drei Kilometer nach Bludenz zu der ihr nun bekannten Adresse, erwischte die beiden in flagranti und verhaute die junge Frau kräftig. Vater hatte wohl einiges zu tun, so schnell wie möglich in die Hosen zu kommen – und damit endete die Romanze. Doch sie hatte ein Nachspiel.

Der Divisionskommandeur erfuhr von dieser Geschichte, und Vater wurde nach Oslo versetzt.

Die bittere Pille wurde mit dem Rang eines Oberfunkmeisters, das entspricht dem eines Oberfeldwebels, versüßt. Hämische Zungen verbreiteten später, daß die Romanze nicht ohne Folgen geblieben wäre, und wir haben Grund anzunehmen, daß in Österreich noch ein Halbbruder oder eine Halbschwester von uns existiert. Unser Vater hat sich jedenfalls niemals dazu geäußert.

Unsere Eltern hatten sich mit einem jungen flämischen Fremdarbeiter angefreundet. B. war ein häufiger Gast bei uns daheim, spielte viel mit uns Kindern und brachte Eßwaren und

Zigaretten mit. Wir alle mochten ihn gern. Es besteht kein Grund anzunehmen, daß mehr als Freundschaft zwischen ihm und Mutti war, weil Oma es uns später bestimmt erzählt hätte. Die vielen Zigaretten, die er mitbrachte, waren für Mutti als starke Raucherin hochwillkommen. Auf Fragen, wo sie herstammten, antwortete er nur, daß sie aus seiner Heimat wären und er sie als Liebesgaben-Päckchen erhalte. Daß diese Freundschaft Mutter später fast das Leben kosten sollte, konnte niemand ahnen.

B. war ein immer fröhlicher und hilfsbereiter Mann. Er sägte im Garten Brennholz für uns, erledigte viele Gänge und beaufsichtigte uns Kinder. Nach einiger Bettelei baute er eines Tages ein Schlachtschiff aus Holz, Draht und Nägeln für mich, das richtige Aufbauten, drehbare Geschütztürme und kleine Geschütze besaß. Selig ließ ich es im Dorfbrunnen zu Wasser und hatte lange Zeit ein schönes Spielzeug.

Wasserholen und wie wir sonst so lebten

Wie schon erwähnt, bezogen wir zwei Zimmer, besser gesagt eine Wohnküche mit Nische, in die wir ein Bett stellten, und ein ca. 16 Quadratmeter großes Zimmer, das nach hinten in den Garten hinausging. Die Wohnküche war auch nicht größer. Ein kleiner Kohleherd stand darin, der gut heizte und im Winter gemütlich vor sich hin bullerte. Eingelassen in den Herd war ein Warmwasserbehälter, der so seine fünf Liter faßte. Im Winter hatten wir nun immer heißes Wasser, und es bereitete keine Schwierigkeit, ein warmes Bad zu nehmen. Die große Zinkwanne wurde gefüllt, und heißes Wasser aus einem großen Topf kam noch dazu. Die Baderei wurde nach einem genauen Zeitplan erledigt, weil immer neues Wasser bereitet werden mußte. Im Sommer war es schon schwieriger mit dem Baden, weil der Ofen extra angeheizt werden mußte.

Einen Wasseranschluß gab es, wie allgemein im Dorf, in unserer Wohnung nicht. Entweder war am Haus ein Brunnen, aus dem man Wasser pumpte, oder das kostbare Naß wurde aus dem Dorfbrunnen geschöpft, der auch heute noch plätschert. Das Wasserholen war meine Aufgabe. Der Brunnen war ungefähr zwanzig Meter von unserem Haus entfernt, und ich ging murrend mit zwei Eimern dorthin und trug die gefüllten Eimer dann einzeln heim. Das ging ganz schön in die Arme, und zu zweit ging es deutlich besser. Deshalb half meine Schwester mir oft. Jedenfalls wird es niemand weiter verwundern, daß ich am Dorfbrunnen oft viel Zeit mit Freunden vertrödelte. Ich sehe noch heute Mutti oder Oma aus einem der zwei schmalen Fenster unserer Küche wütend nach mir rufen.

Natürlich hatten wir auch nur ein Plumpsklosett. Vom Flur führte eine vierstufige Stiege in den oberen Anbau der Scheune, dann ging es links einen schmalen Gang bis zum Örtchen. Dieses bestand aus einem stabilen Brett, in das ein Loch gesägt war, das mit einem einfachen Holzdeckel abgedeckt wurde. Unter diesem Loch stand eine dicke Tonröhre, die in die Klärgrube ragte, in der sich alles aus Wohnungen und Ställen sammelte.

Auf der Straßenseite gegenüber stand das Haus des »Bäck«, der Bäckerei. Der Milchladen Hosp war schon weiter entfernt. Das frische Brot, das ich vom Bäcker holte, kam fast nie unangeknabbert über die Straße, denn es war zu verlockend, die Kruste an den Einschnitten abzubrechen und zu verschmausen. Manche Ohrfeige gab es dafür, und doch geschah es immer wieder. Manchmal brachte Mutti auch das schwarze Kommißbrot, das Brot aus der Wehrmachtsbäckerei, mit heim, das zu der damaligen Zeit qualitativ noch gut und haltbar war, im Gegensatz zu dem »Brot« aus der Nachkriegszeit.

Mit der Milch verhielt es sich wie mit dem Brot: Auf dem Nachhauseweg wurde Schlückchen für Schlückchen genascht. Einige Male hatte ich so viel getrunken, daß ich die Milch am zweiten Dorfbrunnen, der am Gasthaus »Zum Hirschen« stand, ein wenig verdünnen mußte, was dann zu Kopfschütteln ob der wäßrigen Milch führte.

Mein Freund Siegfried und die HJ

Ich hatte mich einem erheblich älteren Jungen angeschlossen, Siegfried, dem Fähnleinführer der örtlichen HJ-Gruppe. Oft war ich dabei, wenn die Gruppe exerzierte, mit Holzgewehren paradierte oder Geländeübungen machte. Warum er so viel Verständnis für den viel Jüngeren hatte, weiß ich nicht. Jedenfalls waren wir oft und viel beisammen.

Eines Tages durfte ich nicht mit, weil die Gruppe in einen anderen Ort mußte. Ich bettelte und bettelte, aber er blieb eisern, und so schrie ich ihn schließlich wutentbrannt an: »Du mit deinem Scheiß-Adolf Hitler!« Kaum draußen, fuhr mir der Schreck in die Glieder, und ich rannte wie von Furien gejagt heim. Selbst ich wußte schon, daß auf solche Worte, wie auch auf einiges andere die Todesstrafe stand! Wenn Siegfried nun meine Worte dem örtlichen Parteiführer meldete! Bei den Nazis gab es die sogenannte Sippenhaftung, und ein Kind, das solche Ungeheuerlichkeiten von sich gab, konnte diese nur daheim gehört haben. Das Elternhaus wurde in einem solchen Fall automatisch als Volksfeind angesehen.

Hätte er mich also gemeldet, wäre unsere gesamte Familie möglicherweise in einem Lager gelandet. Ich wußte auch, daß Oma und Mutti öfter nachts unter einer Wolldecke den englischen Sender BBC hörten. 1944 waren diese Nachrichten schon beunruhigend. Obwohl niemand darüber sprechen durfte, wußte jeder, daß dieser Sender die erschreckende Wahrheit verbreitete, aber das Weitergeben solcher Informationen galt als Volksverhetzung und war todeswürdig.

Ich hatte jedenfalls eine Todesangst, erzählte keinem von diesem Vorfall und hielt mich tagelang daheim auf. Wochenlang hatte ich Angst, und so ist es nicht verwunderlich, daß ich die folgende Begebenheit nie vergessen habe:

Ich wollte in das gegenüberstehende Haus zum Sohn des Bäckers, um wegen der Schularbeiten etwas zu fragen. Ich lief zur Hinterseite, um durch die Backstube in die Wohnung zu gelangen, was ich durfte.

Ich öffnete die schwere eiserne Tür und betrat die Backstube, in der sich gerade der alte Dorfpolizist aufhielt, vor dem ich immer ein wenig Schiß hatte. Er sah mich an und machte »Buuuh!«. Der Schreck fuhr mir so in die Glieder, daß ich mir die Hose vollpinkelte, und ich stürzte davon, um mich einige weitere Tage daheim aufzuhalten.

Ausgebombte Wiener und Tiefflieger

Was niemand in Österreich für möglich gehalten hatte, geschah im Herbst 1944: Wien wurde bombardiert. So trafen denn auch die ersten Ausgebombten mit ihrer wenigen Habe in Nüziders ein, um eine Unterkunft zu finden. Was die Einheimischen aus unseren Erzählungen kannten, und was sie manchmal heimlich ungläubig belächelt hatten, hatte ihre eigenen Landsleute getroffen.

An einem dieser Tage, als ich gerade beim Bäck wegen Brot anstand, heulte plötzlich die Luftsirene, ein Geräusch, das wir schon fast vergessen hatten. So stand auch ich wie die anderen Dorfbewohner zuerst mit offenem Mund da und starrte zum Gemeindehaus hinauf, wo die Sirene installiert war. Fast gleichzeitig war das Dröhnen von Flugzeugmotoren zu hören, und zwei Jagdflieger rasten heran. Dies sehen und alle auf einmal zum nebenan liegenden Schweinestall stürzen, hätte bei einer Übung nicht besser klappen können. Die Jäger rasten im Tiefflug die Straße entlang und ratterten mit ihren Bord-MGs, deren Einschläge wie an einer Schnur gezogen in den Straßenbelag gingen und den Rollsplitt zu kleinen Fontänen aufwarfen. An einigen Häusern waren Geschoßeinschläge zu sehen.

Ab sofort sprachen die Einheimischen anders vom Krieg, und mancher war unsicher geworden. Auch fuhr immer öfter Militär durchs Dorf, und die Nachrichten über den Stand an der Front klangen auch nicht gerade beruhigend. Doch im Radio dröhnte weiter Propaganda, erklang Marschmusik und ab und an die Siegesfanfare.

Ein Gutes aber hatte dieser Tieffliegerangriff: Es hatte auf der Weide zwei Kühe getroffen, und so mußte wieder einmal notgeschlachtet werden.

Der Läusekrieg, ein Kampf gegen Windmühlenflügel

Nach allem, was wir erlebt hatten, war Vorarlberg für uns das Paradies. Doch schon nach sehr kurzer Zeit packte Mutti und Oma helles Entsetzen: Marie-Luise kratzte sich am Kopf, zupfte etwas aus dem Haar und präsentierte es stolz zwischen spitzen Fingern: »Guck mal Oma, ich hab' kleine Tiere auf dem Kopf!«
Ein Prachtexemplar von Kopflaus! Nun war der Teufel los. Alle Köpfe wurden sorgfältig in Augenschein genommen.

Die bittere Wahrheit war, daß wir drei Kinder völlig verlaust waren. Da Oma und Mutti das Problem noch nicht kannten, schämten sie sich sehr. Oma ging gleich am nächsten Morgen nach Bludenz und besorgte mehrere Läusekämme aus der Apotheke. Diese speziellen Kämme mit ganz engen kurzen Zinken kamen nun jeden Abend vor dem Schlafengehen zum

Einsatz. Über einer ausgebreiteten Zeitung wurde das Haar sorgfältig durchgekämmt. Das war oft genug eine schmerzhafte Prozedur, wenn das Haar verklettet war. Marie-Luise hatte am meisten dabei zu leiden, weil sie längere Haare hatte.

Ganz langsam wurde der Kamm, immer in Kontakt mit der Kopfhaut, durch das Haar gezogen. Dann rieselten mit leichtem Klicken die ausgekämmten Läuse auf das Zeitungspapier, wo sie dann sorgfältig mit der Kammkante »geknackt« wurden. Anschließend wurde das Haar von Hand weiter entlaust. Besonders auf die Eier der Läuse, die Nissen, wurde geachtet. Mit einer kurzen Schere kappte man das Haar. Leider standen wir bei diesem Kampf auf verlorenem Posten.

In ihrer Not befragte Oma den Apotheker, und sie kam glückstrahlend mit einem Läusemittel heim, das sich »Cuprex« nannte und fürchterlich roch. Dieses Mittel brachte für einige Zeit Abhilfe, aber dann ging die Plage von vorne los. Auch Oma und Mutti waren nun in den Kreis der Läuseträger einbezogen, was ihnen furchtbar zu schaffen machte. Oma hatte schulterlanges Haar, das sie zu einem Dutt gedreht unter einem Kopfturban verbarg. Ich habe sie nie anders als mit solchem Turban gesehen. Durch die Wärme unter dem Tuch hatten die Läuse natürlich ideales Klima zur Vermehrung. Auch Mutti trug längeres Haar und mußte dafür sehr leiden, denn durch ihre unbeherrschte Kratzerei bildeten sich offene Stellen auf ihrer Kopfhaut, die verschorften und beim Kämmen wieder aufgekratzt wurden.

Besonders schmerzhaft wurde unser Läusekrieg nach der Kapitulation, weil es kein Läusemittel mehr gab. In ihrer Verzweiflung griffen Oma und Mutti zu einem Ersatzmittel, das noch radikaler stank und schmerzte, dem Petroleum. Mutti wimmerte regelmäßig, wenn das Petroleum in die offenen Kopfwunden drang und fürchterlich biß. Auch wir hatten einige offene Stellen und litten dementsprechend.

Ganz langsam ging uns auf, daß die dauernde neue Verlausung nicht bei uns lag, sondern durch den täglichen Kontakt mit unseren Schulkameraden verursacht wurde. Durch Muttis

Schimpfen über die Dorfbewohner sensibilisiert, wußten wir bald, daß wir mit unserer Vermutung richtig lagen. Beim Vordermann in der Schule konnten wir beobachten, daß manchmal das Haar förmlich lebte, man konnte die Läuse im Haar herumturnen sehen. Selbstverständlich erzählten wir daheim davon, was Mutti sehr ergrimmte.

Die Gleichgültigkeit der Einheimischen gegenüber den Läusen war uns unverständlich. Unsere Klassenkameraden, ihre Eltern, nicht einmal der Dorffriseur verloren ein Wort über dieses Problem. Eines Tages brachte Oma dann als Ergebnis ihrer Erkundungen, den Namen für Vorarlberg, der im Reich kursierte, mit heim: Der Läusegau!

Muckefuck, Bohnenkaffee, Stummel und Raucherkarten

Auch in der Kriegszeit gab es zeitweise Zuteilungen von Bohnenkaffee, auf die unsere Oma immer besonders sehnsüchtig wartete, denn sie brauchte ihre tägliche Tasse Kaffee wie andere Leute das Wasser. Selbstverständlich reichte diese Zuteilung nie für diese tägliche Labung, und so mußte sie ihren Kaffee-Vorrat immer organisieren.

Wir Kinder und auch Mutti tranken Muckefuck. Das war gerösteter, gemahlener Malz, der in einem spitzen Leinenbeutel aufgebrüht wurde und uns gut schmeckte. Besonders der zweite Aufguß, die sogenannte »Plürre«, war ein willkommener Durstlöscher. Selter, Brause und andere Getränke waren noch so gut wie unbekannt.

Für unsere Mutter als starke Raucherin reichte wiederum ihre Raucherkarte und die von Oma nie aus. Zigaretten waren kaum unterderhand zu organisieren. Deshalb waren die erwähnten Zigaretten von B. immer hoch willkommen. Außerdem wurden alle Stummel sorgfältig ausgedrückt und in einer besonderen Schachtel aufbewahrt. Wenn große Not war, sprang diese Schachtel mit ihrem Inhalt ein. Das schwarze Aschenende kappte man mit einer kleinen Schere, riß das Zigarettenpapier auf und zerbröselte den Inhalt des Stummels sorgfältig. Zigarettenpapier war immer vorrätig, und so wurde die neue Zigarette gedreht. Was wußte man damals schon über Teer- und Nikotinwerte, die »Selbstgedrehte« war immer noch besser als gar nichts.

Pappflugzeuge, Schwalben und die Sonnenburg

Nach Siegfried war Arthur mein bester Freund, der noch einige Brüder hatte. Viktor war der älteste. Er war sehr geschickt im Bauen kleiner Flugmodelle aus alten Aktendeckeln. Von Bauen kann eigentlich nicht die Rede sein, denn als einziges Werkzeug benutzte er die Schere. Mit einigen geschickten Schnitten entstand die Silhouette eines Segelflugzeugs mit Kanzel und Leitwerk. Noch ein paar kleine Schnitte, und schon konnte man Flügel und Höhenruder in diese Ausschnitte klemmen. Fertig war das Segelflugzeug. Mehrere dieser Pappflugzeuge waren schnell fertig, und mit ihnen stürmten wir aus dem Haus zur Ruine der Sonnenburg.

Diese Burg wird urkundlich bereits im 12. Jahrhundert erwähnt. Nach einer Zerstörung und einer weiteren endgültigen Zerstörung im 16. Jahrhundert wurde sie nicht wieder aufgebaut. Von den Mauerresten hatte man einen weiten Blick über das Tal. Hier standen wir nun, hoch über dem Dorf, und konnten über die Häuser bis zum Fluß Ill schauen. Stand der

Wind richtig, ließen wir mit einem kleinen Schwung das Modell entschweben und verfolgten es mit den Augen, bis es weit weit entfernt irgendwo niederging. Das Modell war natürlich fast immer verloren, aber die Phantasie flog mit, und wir hatten unsere Freude.

Hatten wir keine Pappflugzeuge, fertigten wir uns eine Schwalbe aus gefalteten Heftseiten an, oder einen Zeppelin. Diese Fluggeräte schwebten aber nicht annähernd so schön wie die Pappflieger.

Pappsoldaten und Kriegsspiele

Ich besaß so um die dreißig Pappsoldaten, farbige Figuren aus gestanzter Pappe, die in den Schlitz eines kleinen Holzsockels geschoben waren. Mit diesen Figuren, marschierende oder schießende Soldaten, liefen wir gerne zu einer Sandbank am Ufer der Ill, bauten kleine Unterstände und Bunker mit Gräben, in denen sie versteckt wurden. Kleine, gerade Aststückchen in die viereckigen Pappen geklemmt waren die Geschütze und passende Steine die Panzer. Diese Panzer konnten auch aus entsprechend gefalteten Heftseiten bestehen. Zwei bestimmte Kieselgrößen wurden zu leichten oder schweren Granaten. Jede Seite hatte zehn Würfe mit fünf leichten und fünf schweren Granaten, mit denen die gegnerische Stellung bepfeffert wurde.

Als nach der Kapitulation feststand, daß Reichsdeutsche als unerwünschte Ausländer abgeschoben werden, tauschte Mutti viele Gegenstände, die wir nicht mitnehmen konnten, gegen Lebensmittel ein. Bei einem älteren Jungen hatte ich Elastolinsoldaten gesehen und träumte davon, diese zu besitzen. Der Vater dieses Jungen war Radiobastler, und nun hatte ich *die* Idee: Unser Vater hatte bei seiner Abkommandierung nach

Norwegen eine Wehrmachtskiste bei uns zurückgelassen, die vollgepackt war mit Rundfunkröhren, Kondensatoren und Werkzeug. Da ich mittlerweile spitzgekriegt hatte, daß wir diese Kiste nicht mitnehmen konnten, bekniete ich Mutti, sie gegen die Soldaten einzutauschen. Nach langem Zögern stimmte sie dem Tausch zu.

Jetzt war ich strahlender Besitzer einer Armee deutscher Soldaten aller Waffengattungen, einschließlich Offiziere zu Pferde und eines wunderschönen Mercedes-Modells mit Kupplung, an der ein großes Geschütz hing. Nun konnten wir an der Ill noch viel besser spielen, und dementsprechend war auch das Schlachtengetöse.

Diesen Soldaten und Modellen galt meine ganze Liebe, und ich durfte sie auch mit nach Hamburg nehmen. Dort waren sie eines Tages spurlos verschwunden. Als ich sie suchte, sagte meine Mutter, daß die Figuren auf dem Balkon durch Regen aufgeweicht und verdorben worden sind. Das glaubte ich ihr auch, aber heute denke ich, daß Mutti die Soldaten gegen etwas Eßbares eingetauscht hat, denn Regen konnte die Geschütze und die Autos nicht aufgeweicht haben.

Mutti ist weg

Im Spätsommer war unser Onkel Carl-Heinz in Finnland gefallen. Seit der Zeit, als Oma den Brief mit dem Stempel »Gefallen für Führer, Volk und Vaterland« gelesen hatte, ging sie in Trauer und war sehr viel ernster geworden.

Als Oma sich ein wenig gefangen hatte, arbeitete sie mit uns Kindern auf unserem kleinen Landstück, wo wir Gemüse zogen. Sie hatte sich gerade kurz aufgerichtet, um ihr Kreuz vom Bücken beim Jäten zu entlasten, als ein Kind aus dem Dorf angestürzt kam und ihr zurief: »Kommts schnell haam, euer Mutterl hams verhaft!« Oma wurde kreideweiß, warf die Hacke fort und strebte nach Hause. Wir Kinder hinterher. Vor dem Haus standen schon einige Nachbarsfrauen, die ihr erzählten, was vorgefallen war.

Ein Auto war vorgefahren, zwei Männer in schwarzen Ledermänteln waren ins Haus gegangen und hatten unsere sich sträubende Mutter in das Auto gezerrt. In der Wohnung lag nichts, keine Benachrichtigung, kein Zettel. Auch der befragte Dorfpolizist wußte angeblich nichts. Oma versuchte verzweifelt, telefonisch etwas zu erfahren, scheiterte aber.

Eine tagelange Ungewißheit begann. Die Neuigkeit hatte sich blitzschnell im Dorf herumgesprochen, und es fehlte nicht an hämischen Bemerkungen über die Fremde, die das bestimmt selbst verdient hatte. Auch wir wurden immer wieder von anderen Kindern gehänselt.

Nach einer Woche Warterei bekamen wir endlich durch Omas andauernde Bemühungen heraus, daß Mutti von der Gestapo verhaftet worden war und im Gefängnis Feldkirch oder Dornbirn einsaß. Oma hatte zwischenzeitlich Vater in Norwegen alarmiert, aber selbst zu diesem Zeitpunkt konnte sie nicht sagen, warum die Verhaftung erfolgte. Nach über zwei Monaten erfuhren wir endlich den Grund. Während der ganzen Zeit durfte Oma unsere Mutti nicht einmal besuchen wegen Verdunkelungsgefahr. Was verdunkelt werden konnte, wollte man Oma auch nicht sagen. Dann endlich durfte sie über einen Pflichtverteidiger Einsicht in den Haftbefehl und die Anklageschrift nehmen. Der Verhaftungsgrund war, daß sie als »Volksschädling, der der kämpfenden Truppe an der Front Liebesgaben der Heimat unterschlagen hat«, galt.

Zu der Trauer um den gefallenen Sohn kam nun noch die Angst um das Leben der Tochter hinzu, denn Oma wußte nach einem Besuch beim Staatsanwalt, daß es um Muttis Kopf ging. Auf eine entsprechende Frage nach dem Strafmaß hatte der Staatsanwalt sich nur einen Finger über den Hals gezogen und »Chrrr« gemacht, was so viel hieß wie Rübe ab. Nun erfuhren wir auch, warum B. nicht mehr kam, er war gleichfalls verhaftet worden und hatte mit seinen Aussagen Mutti schwer belastet.

B. hatte als Helfer bei der Post in Bludenz Liebesgaben-Päckchen heimlich eingesteckt und sie in seinem Spind verborgen. Das ging eine gewisse Zeit gut, bis man Verdacht schöpfte und seinen Spind durchsuchte, in dem noch einige Päckchen lagen. Nun wußten wir auch, wo die vielen Zigaretten, die er Mutti mitgebracht hatte, hergekommen waren. Unsere leichtgläubige Mutter hatte seiner Erklärung, daß sie aus seiner flämischen Heimat stammten, geglaubt und mußte dafür nun um ihr Leben fürchten. Anträge, unsere Mutter bis zur Verhandlung freizusetzen, da sie schwanger war, wurden wegen der Schwere der Anklage abgelehnt.

Bei ihren inzwischen erlaubten monatlichen Besuchen mußte Oma feststellen, daß Mutti magerer und magerer wurde. Auch von der fortschreitenden Schwangerschaft war nichts zu sehen, und es kam die Angst um das Leben des Babys hinzu.

Endlich, Ende Februar 1945, kam es zur Verhandlung. Vater hatte Sonderurlaub erhalten und mußte mitansehen, wie seine stark abgemagerte Frau als das »Weib« Annemarie Jochemko in Handschellen in den Gerichtssaal geführt wurde. Der Staatsanwalt erging sich in übelsten Beschimpfungen, und nur die Ruhe und Besonnenheit unseres Vaters und des guten Verteidigers haben geholfen, das Übel abzuwenden. Vor Gericht wurde Mutti nun endlich geglaubt, daß sie von den Machenschaften des B. nichts gewußt hat. Dieser hatte sie in seiner Verhandlung endlich entlastet. Mutter wurde freigesprochen, B. zum Tode verurteilt. Durch die Kapitulation des Reiches im Mai 1945 wurde das Urteil aber nicht vollstreckt, und er blieb am Leben.

Endlich kam unsere Mutti wieder heim, und wir stürzten ihr in die Arme. Oma hatte zwei Gläser selbstgemachtes Pflaumenmus neben anderen nahrhaften Dingen für sie aufbewahrt, und Mutti aß und aß und aß! Am nächsten Morgen sahen wir, daß sie über Nacht einen dicken Bauch bekommen hatte. Uns wurde gesagt, daß das vom Hunger käme. Da wir noch nicht so aufgeklärt waren wie die Kinder heutzutage, glaubten wir sogar noch an den Klapperstorch!

Mutter war vor ihrer Entlassung zum Schweigen verpflichtet worden, bei Androhung einer erneuten Verhaftung. Erst nach der Kapitulation erfuhren Oma und ich von ihren Qualen. Sie war bei den Verhören geschlagen worden, war die ganze Zeit über in Einzelhaft, und zu essen gab es nur schweres, klebriges, mit Sägespänen angereichertes Brot und wäßrige Suppe. Der Hunger war so stark, daß Kartoffelschalen und matschige Gemüseabfälle aus den Abfalltonnen geklaubt wurden unter der Gefahr, dabei ertappt zu werden und in Dunkelhaft zu kommen. Diese blieb ihr erspart, weil sie nie erwischt wurde. Andererseits wäre ihr dies egal gewesen, der Hunger war stärker.

Die gefangenen Frauen wurden gruppenweise zur Schwerarbeit auf den Feldern an der schweizerischen Grenze geführt, wo sie, bewacht von zwei bewaffneten Posten, graben und Unkraut zupfen mußten. Mutti erzählte uns, daß nur die Angst um uns und davor, erschossen zu werden, sie von einem Fluchtversuch abgehalten hätten.

Mutti erholte sich zusehends, liebevoll umsorgt von unserer unermüdlichen Oma, die nicht nur täglich zum Schneidern unterwegs war, sondern auch noch Spätschichten bei Suchard in Bludenz machte. Ihre Personalzuteilungen, die manchmal aus Süßigkeiten, meistens aber aus einem schweren Grieß-Puddingpulver mit Rosinen bestanden, haben uns prächtig gemundet und mitgeholfen, Mutti aufzupäppeln.

Schöne Kindertage

Langsam begannen unsere Erinnerungen an die Bombennächte zu verblassen. Muschi und Moppel vorarlbergten perfekt, und meine zeitweisen Angstträume wurden seltener. Unsere Spielkameraden waren gleichzeitig auch unsere Schulkameraden und akzeptierten die »Hamburger Bazis« langsam. Besonders vor Muschi hatten sie Respekt, denn sie scheute sich nicht, auch einmal einen größeren Jungen zu verdreschen.

Durch Omas Näherei bekamen wir auch Kontakt mit Luisa und Else, den Töchtern des Adler-Wirtes, die mit ihren Eltern im »Schwarzen Adler«, einem der ältesten Häuser von Nüziders, wohnten. Der versoffene Vater und Gasthausbesitzer malträtierte die armen weiblichen Wesen nach Strich und Faden.

Das etliche Jahrhunderte alte Haus, überwiegend aus Felsgestein erbaut, soll nach der Überlieferung zur Sonnenburg gehört und die gräflichen Knappen und den Vogt beherbergt haben. Das schien auch zu stimmen, denn vom Keller des Hauses führte noch ein Stück eines baufälligen Geheimgangs in Richtung der etwa 500 Meter entfernten, höher gelegenen Ruine der Sonnenburg. Zum »Schwarzen Adler« gehörte ein riesiger Obstgarten, in dem man herrlich herumtoben konnte. Nur mußten wir sehr aufpassen und stellten immer einen Wachposten auf, der uns vor dem betrunkenen, an einem Arm verkrüppelten Wirt warnte. Fühlte der sich gestört, kam er grölend und eine Mistforke schwingend auf uns zugelaufen, um uns zu verjagen. Einmal aber hatte dieses allseits unbeliebte Ekel seine Rechnung ohne den Wirt gemacht:

Bei einem Manöver war ein großer Teil des Dorfes von Soldaten besetzt worden, bei dem der große Garten dieses Gasthauses die Kommandostelle war. Es standen Zelte, Funkwagen, Geschütze, Panzer und Lastwagen herum. Ein ständiges Kommen und Gehen von Krad-Meldern und anderen Fahrzeugen verursachte viel Lärm, der den Wirt, wie immer betrunken, so wütend machte, daß er die Besetzer mit Drohungen und geschwungener Mistgabel zu vertreiben suchte. Nun konnten wir miterleben, wie der tobende und brüllende Mann von den Soldaten überwältigt und unter unserem Gejohle in seine Scheune geschleift wurde, wo er seiner Wut freien Lauf lassen konnte. Das gönnten wir ihm von Herzen.

Die steile Schotterstraße, an deren Ecke der »Schwarze Adler« steht und die zum höher gelegenen Dorfteil führt, verwandelte sich im Winter zu einer langen Rodelbahn, denn Autoverkehr gab es ja kaum. Der viele Schnee erlaubte auch den Bau kleiner Sprungschanzen, über die wir Jungen, vorbei an den ängstlich kreischenden Mädchen, die zuschauten, sausten. Auch Skilaufen konnten wir. Zwar hatten die wenigsten Kinder richtige Skier, aber Faßdauben – das sind die gewölbten Einzelbretter eines Holzfasses – taten es auch, und so rutschten wir mehr oder minder gekonnt den Berg hinunter.

Am meisten Spaß machte es, Schlepps zu bilden, die aus zwei bis vier Schlitten bestanden. Auf jedem Schlitten lag bäuchlings ein Junge, der die hinteren Streben des Vorderschlittens packte. Auf ihm, dem Lenker, saßen rittlings noch ein oder zwei Kinder. Den vordersten Schlitten lenkte stets ein kräftiger Junge, der das Gespann sicher den Berg hinablenken mußte. Etwas ganz Besonderes war es, wenn einer der großen Jungen mit einem Hörnerschlitten ankam. Die großen breiten Schlitten waren zum Abfahren von Heu oder Holz bestimmt. Ein solches Gefährt war schwer zu lenken, denn manchmal saßen wir mit acht Kindern darauf, aber es machte mächtigen Spaß. Durchnäßt, blaugefroren, aber fröhlich liefen wir heim, in dem Wissen, daß Omi kräftig mit uns schimpfen würde.

Manchmal erblickten wir am Hinterhaus »Murmel-Opa«, den ältesten Bewohner unseres Hauses. Er war weit über neunzig Jahre alt, schlurfte gebeugt umher, mit knorrigen Händen und dem faltigen Gesicht eines Bergbauern. Er sprach nie mit uns und grüßte auch nicht. Er wirkte immer abwesend, und wir waren fasziniert davon, wie er gebeugt vor dem Sägeblock stand und ein Stück Baumstamm zu Feuerholz zersägte. Ritsch – stoß – runter im Zeitlupentempo, begleitet von Murmel – Murmel – Murmel ging die Bügelsäge, ritsch – zieh – rauf – Murmel – Murmel – Murmel ging es dann weiter. Auf diese Weise schaffte er zwei bis drei Scheiterklötze in einer Stunde, trotz Kälte in grüner Latzschürze, barhäuptig und mit immer noch schwarzen Haaren und buschigen Augenbrauen.

Die schöne Winterzeit hatte aber auch unangenehme Seiten! Gefroren haben wir nicht, denn Heizmaterial hatten wir immer genug. Jede Familie bekam eine bestimmte Menge an Festmetern Holz zugeteilt. Das Holz mußte selbst zersägt und zerhackt werden. Und so stand auch ich manchmal am Sägebock und sägte dünnere Stammteile zu Klötzen, die ich später zerhackte. Omi und Mutti sahen das zwar nicht gern, weil sie Angst um meine Finger hatten, doch diese Angst war unbegründet, weil ich selbst höllisch aufpaßte. Unsere Wohnküche war also immer kuschelig warm.

Unangenehm zu dieser Zeit war aber der Gang zu unserem Plumpsklo. Der lange Gang durch die eiskalte Scheune in dieses ungeschützte Kabinett war wirklich kein Vergnügen, und ausgedehnte Sitzungen ebenfalls nicht, schon gar nicht nachts. Deswegen hatten wir im Schlafzimmer ein Prachtexemplar von einem Nachttopf stehen. Schlief ich aber mal bei Mutti in der Wohnküche, mußte ich mir anders helfen. Ich stieg leise auf einen Küchenstuhl, öffnete das Fenster einen Spalt und erleichterte mich mit weit vorgestrecktem Unterleib auf den Schnee an der Hauswand. Da nachts häufig hohe Schneewächten vom Dach rutschten, war am nächsten Morgen die Spur meiner Untat nicht mehr zu sehen.

Die Neger kommen

Im Frühjahr 1945 rückte der Krieg immer näher. Einmal gab es gewaltige Aufregung, als eine Bombe im Wald auf der anderen Ill-Seite hochging. Die Nüziderser beruhigten sich aber wieder, als nach etlichen Tagen keine weitere Bombardierung erfolgte. Immer öfter zogen auch deutsche Truppen durchs Dorf oder rasteten auf dem Dorfplatz. Überwiegend war es Waffen-SS. Ich erinnere mich an eine Unterhaltung zwischen Dorfbewohnern und Soldaten, die auf die Fragen, ob das Dorf verteidigt werden würde, nur die Schultern zuckten. Schließlich sagte einer der Männer: »Mein Gott, ich habe das Gefühl, ihr habt mehr Angst vor uns als vor den Franzosen!«

Um den 1. Mai herum wurde es merklich stiller im Dorf. Es zogen nur noch vereinzelte Gruppen von Soldaten hindurch. Gerüchte gingen um, daß die Franzosen auf Dornbirn vorrückten. Es mußte etwas daran sein, denn der Bäck öffnete noch nachts seinen Laden, und es wurden Vorräte an die Dorfbewohner verteilt. Jeder erhielt Ölsardinen, Teigwaren und auch Stoffe. Überall wurden Schußwaffen versteckt, auch die Fahne der Schützen – die braune Vergangenheit mußte verschwinden. Auch bei unserer Oma, einer überzeugten Nationalsozialistin, die sehr häufig gesagt hat: »Davon weiß unser Führer bestimmt nichts!«

Da überall kolportiert wurde, daß die Besatzungstruppen alles Eßbare beschlagnahmen würden, hatten nun auch Omi und Mutti Angst. Sie versteckten Räucherfleisch und Sardinendosen in der Scheune. Ich hatte Gefallen an den Ölsardinen gefunden und merkte mir die Stelle gut. Später verschwand so manche Dose und wurde im Gebüsch an der Sonnenburg-Ruine von mir und Siegfried mit Behagen verzehrt.

Alle hatten Angst, daß das Dorf in die Kampfhandlungen geraten könnte. Ganz unbegründet war diese Angst nicht, und so war es nicht verwunderlich, daß sich viele Frauen mit Kindern auf die umliegenden Berge flüchteten, um den Gang der Dinge dort oben abzuwarten. Auch wir machten uns auf den Weg nach Laaz, das unmittelbar über dem Dorf in rund 800 Meter Höhe liegt.

Allen voran ging unsere hochschwangere Mutter. Bis zur Geburt waren es nur noch 14 Tage. Wir waren noch nicht an der Burgruine angekommen, als plötzlich die Luftschutzsirene aufheulte und gleichzeitig das Dröhnen von Flugzeugmotoren zu hören war. Hastig suchten wir Deckung unter einem Gebüsch am Wegrand. Kaum hatten wir uns hingehockt, als Mutti auf dem nassen Gras ausrutschte, sich überschlug und den steilen Wiesenhang hinunterrollte.

Sie rollte und rollte und war wohl auch schon zu unbeholfen, um sich mit den Händen abfangen zu können. Gleichzeitig dröhnte ein zweimotoriger Bomber mit ratternden MGs über die Wiese mit unserer hinabkollernden Mutter und über die Wand der Burgruine in so tiefem Flug, daß ich fast das Gesicht des Heckschützen erkennen konnte. Alles ging blitzschnell vorbei. Daß nicht auf unsere rollende Mutter geschossen wurde, hatte sie wohl einem Schutzengel zu verdanken.

Mutti blieb ungefähr 70 Meter weiter unten in einer kleinen Mulde liegen, und nach einigem Abwarten liefen Oma und ich die Wiese hinunter und halfen der Schreckschlotternden wieder auf die Beine. Immer wieder fragte Omi besorgt, ob sie Schmerzen habe, was Mutti verneinte. Trotz der vielen Hungerwochen im Gefängnis und diesem unsanften Sturz blieb das Baby unverletzt.

Nachdem Mutti sich erholt hatte, nahmen wir den Weg hinauf nach Laaz in Angriff. Nach einer Stunde kamen wir oben an und sahen auch schon Frauen und Kinder, die in einer Scheune kampierten und erst einmal Mutter umsorgten. Wir verbrachten eine Nacht in der Scheune. Dann hieß es vormittags, daß die Franzosen anrückten.

Von der Wiese aus vor der Scheune hatten wir einen weiten Blick über das Tal. Die Ill mit der Brücke war gut zu sehen.

Über die parallel führende Straße rückte der Heerwurm aus Panzern, Lastwagen und Infanterie immer näher an die Brücke heran. Es war totenstill, kein Schießen zu hören. Die Brücke war offenbar nicht für eine Sprengung vorbereitet, denn die Soldaten marschierten vorsichtig darüber hinweg, und wir sahen deutsche Soldaten, die sich hastig vor der gewaltigen Übermacht absetzten. Es fiel kein einziger Schuß.

Nun ging wieder die Angst bei uns um. Würden unsere Soldaten hier heraufkommen? Würden sie Widerstand leisten? Tatsache ist, daß vier oder fünf Waffen-SS-Soldaten in Laaz ankamen, die über die Berge nach Berchtesgaden fliehen wollten. Die verängstigten Frauen erklärten ihnen, wie sie am besten über die Berge kämen, und sorgten mit ihrem Gezeter dafür, daß die Soldaten schnell wieder verschwanden.

Gegen Abend kamen einige Männer aus dem Dorf herauf und sagten, daß die Gefahr vorüber wäre. Das Dorf wäre besetzt, und nichts sei zerstört worden. Also machten wir uns talwärts wieder auf die Beine. Unten war tatsächlich alles ruhig. Auf der Dorfstraße standen Panzer, Laster und Geschütze, und ich sah zum erstenmal die »Neger«, von denen so viel erzählt wurde. Sehr schnell fanden wir dann heraus, daß es keine Neger, sondern Algerier und Marokkaner waren. Es waren durchweg gutmütige Kerle, die sich schnell mit uns Kindern anfreundeten und uns Schokolade schenkten.

So nahmen wir wieder von unserem kleinen Heim Besitz. Mittlerweile hatte die Entwaffnung begonnen, und die Bewohner des Dorfes lieferten ihre Schießprügel, die aus Jagdwaffen aller Art bestanden, in der Kommandantur im Gemeindehaus ab. Nachdem sich ein großer Haufen Schußwaffen angesammelt hatte, zerschlug ein Soldat die Gewehrkolben der Waffen. Manch einem Schützen werden die Tränen in den Augen gestanden haben, denn es waren viele wunderschöne Gewehre mit kunstvollen Ziselierungen und Intarsien dabei. Aber es half nichts, auf Waffenbesitz stand die Todesstrafe, und dieser Gefahr wollte sich niemand aussetzen.

Fettlebe und der einsame Marokkaner

Im Dorf herrschte nun ein ständiges Kommen und Gehen von Soldaten und Fahrzeugen. Auch kleine Trupps gefangener deutscher Soldaten waren auf dem Marsch in die Gefangenschaft und saßen mit hängenden Köpfen am Dorfbrunnen. Bei unseren Stöbereien entdeckten wir Kinder immer wieder geöffnete Fleischkonserven, die zwischen Brennesseln oder im Gebüsch lagen. Zuerst dachten wir, daß sie verdorben wären, aber dann beobachteten wir einen marokkanischen Soldaten, der eine dieser grünen Halbpfundbüchsen öffnete, daran schnupperte und sie ins Gebüsch warf. Wir schnappten uns diese Büchse. Es war gutes Schmalzfleisch! Innerhalb einer halben Stunde hatten wir 25 oder 30 Dosen gesammelt. Daheim herrschte erst Unglauben ob dieser Herrlichkeiten, aber Mutti und Omi konnten schnell überzeugt werden. Von da an gingen wir Kinder regelmäßig auf die Suche nach solchen Dosen, und der tägliche Speiseplan war gesichert.

Bei dieser Sucherei fanden wir auch noch Munition, Gewehre und MGs, die getreulich im Gemeindehaus abgeliefert wurden. Zu den Marokkanern fanden wir schnell Kontakt. Die Jungs hatten große Sehnsucht nach ihrer sonnigen Heimat. Und wir fanden auch heraus, warum sie die Fleischdosen öffneten, daran rochen und sie dann fortwarfen. Da sie die englische Beschriftung nicht lesen konnten, mußten sie sich auf ihren Geruchssinn verlassen, und da sie als Moslems kein Schweinefleisch essen durften, flogen diese nahrhaften Dosen ins Gebüsch!

Die Hebamme aus Bludenz besuchte Mutter inzwischen fast täglich. Da ab 19 Uhr Ausgangssperre verhängt war, hatte unsere energische Oma beim Ortskommandanten eine Ausnahmegenehmigung erwirkt und hätte auch nachts in Begleitung eines Soldaten die Hebamme aus Bludenz holen können.

Sexuell aufgeklärt waren wir damals natürlich nicht die Bohne. So wußten wir zwar, daß wir einen Bruder oder eine

Schwester bekommen sollten, brachten aber den aufgeblähten Bauch unserer Mutter damit nicht in Zusammenhang. Deshalb konnten wir auch den Vorfall nicht einordnen, von dem Mutti uns erzählte. Die Tür unserer Wohnküche wurde eines Nachts leise geöffnet, und ein junger Marokkaner stand vor unserer schreckerstarrten Mutter, die auf der Liege in der Nische schlief. Er bedeutete ihr, Platz zu machen für ihn. Zum Glück war sie so geistesgegenwärtig, ihm ihren dicken aufgeblähten zu zeigen. Wer weiß, was sonst geschehen wäre, aber so verschwand der junge Mann so leise, wie er gekommen war.

Mutti gegen die Katholiken

Religion spielte in Nüziders eine große Rolle, das Dorf war streng katholisch. Da wir evangelisch waren, brauchte ich nicht am Religionsunterricht teilzunehmen, und die obligatorische Frühmesse vor dem Unterricht blieb mir erspart. Über beides war ich nicht traurig, muße ich doch vor dem Unterricht nicht eine Stunde früher aufstehen.

Einige Male bekam ich mit, daß Mutti nicht gut auf die Katholischen zu sprechen war. Sie nannte diese Religion verlogen und äußerte sich auch den Nachbarn gegenüber eindeutig. Omas stetige Ermahnungen, in dieser Hinsicht etwas zurückhaltender zu sein, ignorierte sie.

Unsere Hauswirtin Maria war zwar sehr gutmütig, aber auch strenggläubig. Immer wieder sprach sie Mutti darauf an, das kommende Kind katholisch taufen zu lassen, was diese stets hinhaltend beantwortete. Aber unserer temperamentvollen Mutter wurden die Tiraden eines Tages zuviel, und sie schmetterte Maria mit nicht sehr schmeichelhaften Worten über die verlogenen Katholiken ab.

Maria wurde blaß, fing an zu weinen, drehte sich wortlos um und lief in ihre Wohnung. Auch Mutti war über ihre eigene Heftigkeit erschrocken und bereute sie – aber es war nun mal geschehen. Von diesem Tage an hatten wir nur noch Ärger. Mal war die Haustür abgeschlossen, mal war das Brennholz, das wir täglich für den Herd brauchten, verschwunden. Die Schikanen hörten nicht auf, und wir Kinder waren sehr verschreckt und ängstlich.

Unsere Oma war wieder einmal der ruhende Pol und versuchte, unsere Mutter umzustimmen. Mutti ließ also unauffällig in der Nachbarschaft durchblicken, daß sie das Kind in der Kirche taufen lassen würde. Da Neuigkeiten sich in einem Dorf blitzschnell herumsprechen, wußte es bald auch unsere eingeschnappte Hauswirtin und war von da an wie umgewandelt. Frische Milch und auch Eßwaren standen nun häufig auf unserer Treppe, und ständig wurde unsere Mutter ermahnt, gut und reichlich zu essen, damit das Baby gesund auf die Welt käme.

Wir warteten ebenfalls von Tag zu Tag gespannter auf den Klapperstorch. Auf die Fensterbank des Schlafzimmers legten wir manchmal abends einen Apfel oder ein Stückchen klumpigen Puderzucker, um ihn bei Laune zu halten. Morgens waren diese kleinen Gaben auch stets verschwunden.

Heimweh nach Hamburg hatten wir aber trotz der schönen Umgebung und der Ruhe. Oft genug sind wir Geschwister im Geiste heimgefahren, wenn es abends ins Bett gehen sollte. Hintereinander stellten wir uns auf, faßten uns an der Schulter, und unter Omis Führung ging es dann von der Küche mit

»Tuttuttut die Eisenbahn,
wer will mit nach Hamburg fahr'n?
Hamburg ist 'ne schöne Stadt,
die so viele Häuser hat ...«

im Gänsemarsch ins Schlafzimmer hinüber, wo uns Omi häufig noch ein Märchen erzählte. In dieser Hinsicht war ihr Wissen unerschöpflich, und wenn sie mal nicht weiter wußte, spann sie die Geschichte nach Gutdünken aus. Für mich waren die Märchen aus ihrem Munde viel, viel spannender, obwohl ich schon recht gut lesen konnte.

Vom Waffensuchen und was dabei herauskam

Einige Tage nach der Besetzung durch die Franzosen wurde der Schulbetrieb wieder aufgenommen. Die schönen Tage der Faulenzerei waren damit vorbei und – das Läuseproblem wurde wieder akut. Den Schuldirektor, diesen Erznazi, hatte man verhaftet, aber unsere Lehrerin, Frau Dammann, war geblieben, und so hatte sich schulmäßig nicht viel für mich geändert. Nur der morgendliche Hitlergruß mit Strammstehen war sang- und klanglos entfallen.

Nach der Schule stromerten wir häufig in der Gegend herum, suchten Waffen, die wir abgeben konnten, oder trieben die üblichen Streiche. Eines Tages spielten wir am Ufer der Ill, sprangen über kleine Seitengräben des schnell dahinfließenden Flusses zu kleinen Sand- oder Kiesbänken und sammelten flache Kiesel, die wir über das Wasser flitzen ließen. Wessen Stein sechs- oder siebenmal über das Wasser sprang, der war schon ein richtiger Meister.

Anschließend strolchten wir durch das Ufergelände. Plötzlich standen wir vor ihr: Eine Pak! Eine Panzerabwehrkanone stand hinter einem kleinen Erdwall mitten im Gelände. Solche Waffen hatten wir ja zur Genüge gesehen. Neugierig schlichen wir näher heran. Wir waren sehr vorsichtig, denn die Mär vom Werwolf, vom Widerstand um jeden Preis, geisterte noch immer herum, und das Schießen in den Bergen hatte auch noch nicht ganz aufgehört. Aber wir wußten ja, daß keine deutschen Soldaten mehr hier sein konnten.

Die Neugier siegte, und wir spielten um das Geschütz herum, drehten am Kurbelrad, das das Geschützrohr verstellte, spielten an der Zieloptik herum und prüften die Luft in den Reifen. Ich linste sogar in die Geschützmündung. Plötzlich – krahhhwummm – ein Riesenknall und Blitz, das Heulen einer Granate und ein Einschlag im Wald auf der anderen Seite der Ill, wo Baumfetzen, Steine und Erde herumspritzten …

Schreckerstarrt standen wir um das Geschütz herum. Als wir wieder zu uns kamen, flitzten wir nach allen Seiten auseinander, aber es passierte nichts weiter. Minuten später scharten wir uns aufgeregt schnatternd wieder um das Geschütz und beratschlagten, ob wir erst ins Dorf laufen oder erst das Geschütz zur Straße ziehen sollten. Aber da dröhnte es schon heran, Panzermotoren heulten und Infanterie sprang von allen Seiten durchs Gelände mit aufgepflanztem Bajonett auf uns zu: Wir standen umzingelt mit erhobenen Armen als ertappte Sünder da.

Die Franzosen im Dorf müssen sich ebenfalls wahnsinnig erschrocken haben, denn unsere Gegend galt als feindfrei. Wir wurden von einem Offizier, der ganz gut deutsch sprechen konnte, gehörig ins Gebet genommen. Anschließend nahmen einige Soldaten ihre Gürtel ab, und wir wurden der Reihe nach übers Knie gelegt und gehörig verdroschen.

Unsere Mütter, die inzwischen Bescheid wußten, kamen besorgt zur Kommandantur geeilt. Mutti fragte, ob die Festnahme der Kinder mit dem Riesenknall zu tun hätte. Der Offizier bejahte und erklärte, daß wir Kinder einen feindlichen Akt begangen hätten. Mutti sah ihn ungläubig an und entgegnete: »Sie wissen doch, daß wir und die Kinder nicht mehr ihre Feinde sind!« Der Offizier erwiderte: »Madame, das deutsche Volk ist besiegt, die Erwachsenen werden stillhalten, aber diese hier sind unsere Feinde von morgen!«

Er wandte sich zu den anderen Frauen und sagte laut: »Mesdames, nehmen Sie Ihre Jungen ganz schnell an die Hand und sprechen Sie daheim ein ernstes Wort mit ihnen. Eine reichliche Bestrafung haben sie schon von uns erhalten.«

Wir durften humpelnd und mit brennendem Hintern heimgehen. Eigentlich hätte das ganze Malheur gar nicht passieren dürfen, denn jedem Artilleristen wird eingebleut, daß ein im Kampf beschädigtes oder durch Flucht aufgegebenes Geschütz durch Abbau des Geschützverschlusses unbrauchbar gemacht werden muß. Das war hier nicht geschehen. Und ich hatte auch noch in die Mündung geschielt!

Der Klapperstorch kommt

Kurz nach diesem Ereignis gab es neue Aufregung. Oma rief mir zu, schnell die Hebamme aus Bludenz zu holen. Man darf nicht vergessen, daß zu jener Zeit Telefon ja eine Seltenheit war. In der Küche standen schon zwei große Kochtöpfe voll Wasser auf dem Herd. Ich wurde von Oma vergattert, sehr schnell zu laufen, weil der Klapperstorch sehr schnell kommen könnte. Ich wetzte also die Treppe hinunter, rief der alten Maria zu: »Er kommt, er kommt ...«, schoß aus dem Haus, sah meine beiden Geschwister, und mit dem Ruf: »Der Klapperstorch, der Klapperstorch« lief ich im Schelltrab in Richtung Bludenz, das drei Kilometer entfernt war.

Die Hebamme war zum Glück daheim, schnappte ihr Fahrrad und radelte mit mir auf dem Gepäckträger schnellstens nach Nüziders. Vor dem Hause warteten schon Moppel und Muschi auf mich, und meine Schwester gab Anweisungen, wie wir es anstellen mußten, den Klapperstorch zu Gesicht zu kriegen, wenn er das Baby brachte. Moppel mußte unten bleiben und unser Küchenfenster beobachten, sie selbst wollte vor der Schlafzimmertür lauern, und ich bekam Anweisung, vom Fenster unseres Plumpsklos aus, das direkt über Eck neben unserem Schlafzimmerfenster lag, seinen Anflug zu verfolgen.

Nach langer Wartezeit ertönte ein schwacher Schrei, unsere Oma kam aus der Tür an Muschi vorbei und sagte ihr, daß ein Schwesterchen angekommen sei. Muschi blieb vor Staunen der Mund offen stehen, denn sie hatte den Klapperstorch überhaupt nicht gesehen. Auch Moppel nicht. Sie lief über den schmalen Gang des Scheunenanbaus zu mir, wo ich beim Abdrücken saß, denn mir war mittlerweile die Zeit zu lang geworden.

»I hob dem Storch net g'sehn, und du muscht kacka, hoscht du ihm denn g'seha?« »Na, i a net«, und im selben Moment bekam ich von Muschi eine gewaltige Maulschelle verpaßt. Ihre ganze Enttäuschung entlud sich darin. Die langen Gespräche vor dem Einschlafen waren völlig nutzlos gewesen.

Nachdem wir uns beruhigt hatten, durften wir endlich unser am 17. Mai 1945 geborenes Schwesterchen Hannelore sehen. Gespannt traten wir an das große Steckkissen heran und erschraken maßlos. Ein knallrotes, verschrumpeltes Greisengesicht steckte in dem Kissen, und Muschi rief entsetzt: »Die sieht ja aus wie ein alter Apfel!« Oma und die Hebamme lachten herzhaft, während Mutti nur schwach lächelte.

»Eure Schwester wird in einigen Tagen ganz glatt sein, so sehen Neugeborene immer aus, wenn sie der Storch gebracht hat«, erklärte Oma. Unsere Schwester brüllte inzwischen kräftig, denn sie war hungrig. Empört mußten wir zur Kenntnis nehmen, daß sie 24 Stunden lang nichts essen dürfe, und so warteten wir gespannt, daß es so weit sein würde. Am nächsten Tag sahen wir dann mit großen Augen zu, wie die Kleine an Muttis Brust lag, mit den winzigen Händchen herumgrapschte und gierig saugte.

Oma hatte recht behalten. Einige Tage später sah unser Schwesterchen schon ganz anders aus, das Gesicht rosig und glatt, ein richtiger Wonneproppen.

Zahnschmerzen und Vanilleeis

In diesen schönen Sommertagen nach der Geburt unserer Schwester Hannelore starb das »Johannele«, deren Elternhaus am Bahnhof stand, an einer Blutvergiftung. Eine kleine Wunde an der Oberlippe soll schuld daran gewesen sein. Das ganze Dorf defilierte an dem Sarg des im besten Zimmer des Hauses aufgebahrten Mädchens vorbei, dann ging es im langen Trauerzug zur Beerdigung. Ein postkartengroßes Foto dieses Kindes im Sarg erhielten auch wir.

Kurz danach bekam ich schreckliche Zahnschmerzen, meine linke Wange pochte und schwoll unförmig an. Ich hatte fürchterliche Angst. Das traurige Schicksal von Johannele stand mir ständig vor Augen.

Was nun? Im Dorf gab es keinen Zahnarzt. Auch in Bludenz nicht, denn die Ärzte waren fast alle in der Gefangenschaft. Omi lief von Pontius zu Pilatus und versuchte verzweifelt, die Adresse eines Zahnarztes zu erfahren. Schließlich sagte ihr jemand, daß ein Arzt am Bahnhof in Bludenz sein sollte. Wir marschierten also dahin, ich mit einem Geschirrhandtuch, das ich mir an die Wange preßte.

Wir fanden die Adresse und klingelten. Ein uralter Herr mit Anzug und altmodischem Stehkragen öffnete uns. Es stellte sich heraus, daß er seit Jahren nicht mehr praktizierte und auch keine Instrumente mehr besaß. Aber er sah ein, daß mir geholfen werden mußte.

Er suchte ein spitzes Kartoffelschälmesser heraus und schärfte es. Dann warf er es kurz in kochendes Wasser. Ich wurde in einen Stuhl ans Fenster gesetzt, Oma hielt mich von hinten an den Schultern fest, und er machte einen kleinen Schnitt in das Zahnfleisch. Sofort ergoß sich ein dicker Eiter- und Blutstrahl aus meinem Mund in das vorgehaltene Geschirrtuch, und ich vergesse nie die sofort einsetzende Erleichterung.

Der nette alte Herr wollte sich kein Geld aufdrängen lassen, und dankbar begaben wir uns auf den Heimweg. Unterwegs kamen wir an einem Torweg vorbei, in dem eine Schlange von Leuten stand. Wo eine Schlange war, mußte es etwas zu kaufen geben. Oma fragte, und wir stellten uns ebenfalls an. Hier bekam ich nun gewissermaßen als Trostpflaster das erste Vanilleeis meines Lebens und war von da an ein Eisliebhaber, wenn es auch noch einige Jahre dauern sollte, daß ich wieder eins bekam. Noch einige Tage mit Kamillenspülungen, und die schmerzhafte Affäre war überstanden.

In Österreich Nazis? Niemals!

Nach der Kapitulation war über Nacht ein Wunder geschehen: Leute, die immer stramm Durchhalteparolen vertreten hatten, wußten davon nichts mehr, sondern waren schon immer gegen Hitler gewesen. Sie hatten auch immer unter größter Geheimhaltung die Nachrichten der BBC gehört. Den Krieg hatten sowieso die Deutschen angefangen, und sie waren gezwungenermaßen nur Mitläufer. So war es nicht verwunderlich, daß sich zunehmend Deutschfeindlichkeit breit machte. Heim ins Reich mit den Deutschen, das war die neue Parole.

Da man die deutsche Sprache nicht verleugnen konnte, hieß es nun, sich so weit wie möglich von den Deutschen zu unterscheiden. Zum Beispiel malte man in größter Eile die Fahrbahnmarkierungen von weiß in gelb um. Auch uns gegenüber wurde kein Blatt vor den Mund genommen, und hämische Bemerkungen über die verdientermaßen zerbombten deutschen Städte kamen sogar von unseren Spielkameraden, Bemerkungen, die sie nur von zu Hause haben konnten. Uns war klar, daß wir wohl bald heim müßten, wir freuten uns sogar auf die Heimkehr.

»Tuttuttut, die Eisenbahn ...«, wie oft hatten wir das mit

Oma und Mutti gesungen. Dieser Zeitpunkt rückte immer näher. Aber noch genossen wir die schönen Sommer- und Herbsttage, unbekümmert, wie nur Kinder sein können.

Ausweisung und Schmuggelverstecke

Im Spätherbst war es dann vorbei mit der Ungewißheit. Wir Kinder erfuhren aber erst abends davon. Muschi und ich waren mit unserem Schwesterchen im Korbkinderwagen zur Familie Wolf, zu meinem Freund Arthur spaziert und tobten mit einigen anderen Kindern im Garten, der in den Bergwald überging. Die Walnüsse waren reif, und viele lagen im Gras herum. Wir sammelten sie ein, suchten lange Stöcke und schlugen zusätzlich die Nüsse von den Zweigen herab.

Eine ganze Menge Walnüsse hatten die Mädchen in ihren Schürzen gesammelt, die sie Mutter Wolf zum Trocknen gaben, damit sich die grüne Schale von den Nüssen lösen konnte.

Zur Belohnung gab es herrlich kühlen Obstmost, der in dieser Gegend von allen Dörflern in der Lohnmosterei hergestellt wurde. Äpfel und kleine Birnen, die wir als Einlage für Birnen, Bohnen und Speck kennen, waren die Grundlage für dieses süffige Getränk. »Mogst an Mooscht?« war eine Frage, die von uns stets mit einem kräftigen Ja beantwortet wurde. Nur allzuviel durften wir davon nicht trinken, denn der Most enthielt etwas Alkohol.

Auf dem Heimweg kam Marie-Luise auf die verrückte Idee, mit dem Kinderwagen Panzer zu spielen. Sie bückte sich unter die Schubstange und legte sich auf den Korb, um das Gefährt mit den Füßen lenken und bremsen zu können, wie wir das im Winter bei den Rodelschlitten taten. Der Kinderwagen geriet auf dem abschüssigen Grandweg mehr und mehr in Fahrt, und obgleich ich hinterher wetzte, schaffte ich es nicht mehr,

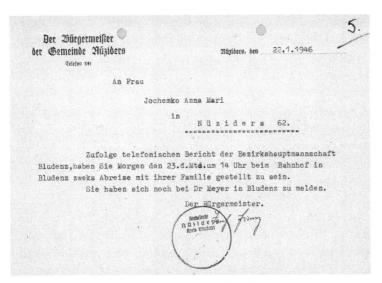

Das Dokument unserer Ausweisung aus Vorarlberg, dessen rüder Ton auch noch in späteren Jahren bei Mutti und Oma Verbitterung auslöste.

sie einzuholen. Der Wagen gewann weiter an Fahrt, und das Ende vom Lied war, daß er mit einem Stacheldrahtzaun kollidierte, Hannelore herausgeschleudert wurde und Muschi mit dem gekippten Wagen verquer am Zaun lag.

Unser Baby lag zwei Meter weiter auf der Wiese und brüllte mordsmäßig. Es ging aber glimpflich ab: Hannelore hatte eine kleine Schramme im Gesicht, und ihre Schwester kam mit dem Schreck davon. Kleinlaut schlichen wir heim, und die Tracht Prügel von Mutti und Omi war nicht sehr schnell vergessen! Als sich alle wieder beruhigt hatten, erfuhren wir, daß wir per Januar 1946 aus Österreich ausgewiesen werden sollten.

Wir begannen also mit den Vorbereitungen. Die Mitnahme größerer Geldbeträge war verboten, das Gepäck auf ein paar Kilo pro Person beschränkt. Bald wucherten die Gerüchte, Schmuck und Geld würden uns im Zug abgenommen, so wie es den Juden passiert sein sollte. Allerhand Pläne wurden geschmiedet, wie man das verhindern könnte. Schließlich präparierte Herr Danz, der Ehemann von Muttis Freundin Edith, die Halbschuhe der Frauen entsprechend. Die Sohlen der Absätze wurden entfernt, der Restabsatz geschickt ausgehöhlt. So konnten Mutti und Oma ihren Schmuck ziemlich sicher verstecken.

Im Laufe der Zeit hatten sich bei Oma auch ziemliche Reichsmarkbeträge angesammelt. Es war ein dickes Bündel von Zehnern, Zwanzigern und Fünfzigern. Ein Umtausch in der Sparkasse gegen größere Scheine war nicht ratsam. So mußte auch für das Geld ein Versteck gefunden werden.

Die Schubstange des Kinderwagens wurde demontiert, ein dünner Bindfaden mit einem Stein durch das Rohr gefädelt. Die Geldscheinrollen wurden durchbohrt und nacheinander am Bindfaden aufgereiht. Anschließend verschwand Rolle um Rolle im Rohr und konnte später von der anderen Seite problemlos herausgezogen werden.

Bei unserer Heimfahrt stellte sich dann heraus, daß alle Sorgen unbegründet waren: Es wurde überhaupt nichts kontrolliert.

Tuttuttut die Eisenbahn

Anfang Januar 1946, frühmorgens, war es soweit. Die Ausweisung unserer Familie traf Mutti und Oma Gott sei Dank nicht unvorbereitet. Wir Kinder waren durch die ewigen Fragen unserer Spielgefährten »Wann fahrts dann hoam?« ebenfalls schon so genervt, daß wir sogar begierig darauf warteten, endlich heimfahren zu können. Einerseits freuten wir uns, andererseits fürchteten wir den Abschied. Nur Oma hätte in Nüziders bleiben können, weil sie als Schneiderin eine willkommene Arbeitskraft war. Wir anderen waren höchst unwillkommene Erinnerungen ans Dritte Reich.

Wir wurden einen Tag vorher informiert, daß es losgeht, und so hatte ich mich von meinen engsten Freunden Arthur und Siegfried schon verabschiedet. Meine Geschwister werden es mit ihren Freunden sicher ähnlich gemacht haben.

Der pferdebespannte Leiterwagen eines barmherzigen Nachbarn wurde mit unseren wenigen Habseligkeiten beladen, als da waren zwei schwere Koffer, der vollgepackte Kinderwagen und eine rosafarbene blümchenbedruckte Leinentasche, in der unsere Hannelore lag, und im langsamen Zockeltrab ging es von Nüziders nach Bludenz. Warum lag unsere Schwester in einer Leinentasche und nicht im Kinderwagen? Ganz einfach: Pro Person war eine begrenzte Gepäckmenge vorgeschrieben, die wir Kinder nicht hätten tragen können, und die im Kinderwagen transportiert wurden. Deswegen hatte Oma diese Tragetasche genäht, deren Obhut mir anvertraut wurde.

Unser Pferdegespann traf zeitig am Bahnhof von Bludenz ein, wo wir abluden und das Gepäck auf den Bahnsteig schleppten. Hier herrschte großes Gedränge, denn außer den vielen Ausgewiesenen gab es noch viele entlassene deutsche Soldaten, die ebenfalls »heim ins Reich« abgeschoben wurden.

Langsam rollte ein D-Zug mit Personen- und Güterwagen in den Bahnhof. Es entbrannte ein unbarmherziger Kampf um einen Sitz- oder Stehplatz. Rücksichtnahme auf Verletzte, die mit ihren weißen Bandagen doch unübersehbar waren, gab es nicht. Soldaten vergaßen Kameraden, Koffer rammten gegen Köpfe, Ellbogen in Gesichter, Fäuste auf Nasen, Schimpfworte trafen auf Schmerzschreie, Proteste auf Hohn, greinende Mütter mit schreienden Kindern schrien vergeblich in starre Männergesichter, Ritterlichkeit war von Eigennutz abgelöst worden. Nichts halfen die schrillen Lautsprecherdurchsagen oder der Krafteinsatz der Zugbegleiter und der Rotkreuzschwestern. Sie wurden einfach beiseite gedrückt und mußten hilflos einer entfesselten Menschenmenge zuschauen.

Die mit dem Rotkreuz-Symbol gekennzeichneten Waggons

reichten für die Menschenmassen nicht aus. Die Schwächsten konnten nur noch Plätze auf Perrons, Dachaufstiegen und Puffern ergattern, verlorenes Gepäck lag hier und da auf dem Bahnsteig. Nicht einmal während der Angriffe auf Hamburg kann ich mich an solche rücksichtslosen Menschen erinnern.

Ich weiß nur, daß wir unwahrscheinliches Glück hatten, daß wir genau vor einem D-Zug-Waggon mit getrennten Abteilen standen und so zu einem Abteil für uns sechs ganz allein kamen. Ob Mutti wieder einmal ihren Charme spielen ließ, hat sie immer unbeantwortet gelassen, selbst Oma erntete auf ihre hartnäckigen Fragen immer nur ein Schulterzucken. Jedenfalls rollten wir langsam in Richtung Lindau, und damit einige Kilometer näher an Hamburg heran.

Tage- und nächtelang rollte unser Zug über notgeflickte Gleise mit vielen Halten, Reparaturen oder Auswechslungen der Lokomotive der Heimat entgegen. In der kleinen Welt unseres Abteils bekamen wir kaum mit, wenn jemand aus- oder zustieg oder daß die außen am Zug mitreisende Personenanzahl sich merklich gelichtet hatte. Abgestiegen, ausgestiegen, kälteerstarrt heruntergefallen und überrollt – wer weiß das? Wen kümmerte es in jenen Tagen schon, ob der Tod auf der Landstraße oder auf dem Bahngleis erntete? Flüchtlinge oder Heimkehrer waren Schrott, Dreck, Abfall, Strandgut – namenlos in den Straßengraben geschoben.

In unserem Abteil wurden wir kaum behelligt. Eindringlinge, die es versuchten, wurden von unserer energischen Mutter schnell vertrieben mit den Worten, daß unsere mitreisenden Männer gerade etwas Eßbares besorgen würden – das half stets. Mit Lebensmitteln wie Trockenobst, Brot und etwas kaltem Fleisch hatte Oma vorgesorgt, außerdem erinnere ich mich an ein oder zwei warme Nudelmahlzeiten, die uns Rotkreuzschwestern brachten.

So überstanden wir die ermüdende, tagelange Heimfahrt ganz gut. Langweilig war es für uns Kinder, denn wir durften das geschlossene Abteil nicht verlassen, konnten es auch nicht, weil der Gang gestopft voll mit Menschen und Gepäck war.

Kassel, Hannover, Winsen – immer näher kamen wir unserer Heimatstadt. Wir Kinder wurden von der Unruhe der Frauen angesteckt, konnten es kaum noch erwarten, und endlich, endlich rollte der Zug in den Stadtbereich ein: trostlose Ruinenfelder und -fassaden. Die Räder rumpelten über notdürftig geflickte Gleise und Weichen in die himmelhohe, glaslose Stahlwölbung des Bahnhofs unserer Sehnsucht – Hamburg-Hauptbahnhof. Endlich wieder daheim!

Und wie wurden wir empfangen? Von einer endlosen Reihe Tommys, die mit aufgepflanztem Bajonett auf dem Bahnsteig standen und allen Heimkehrern den Ausstieg verwehrten!

Teil II

Ab ins Lager

Unsere Enttäuschung war unbeschreiblich. Mit großen Augen starrten wir auf die in engem Abstand auf dem Bahnsteig stehenden englischen Soldaten. Ich war ja Fachmann, da ich schon vor der Ausbombung einen Tommyhelm besessen hatte, mit dem ich immer losgezogen war, wenn Kloppe angesagt war.

Mutti und Oma weinten vor Enttäuschung und Erschöpfung. Da aber jeder Versuch, eine Waggontür zu öffnen, sofort mit vorgestrecktem Gewehr vereitelt wurde, hielten sie uns Kinder im Abteil zurück, um abzuwarten, was geschehen würde.

Immer wieder kam Bewegung in die Soldaten, wenn der eine oder andere auf den Puffern, Seitenleitern oder auf dem Dach mitgefahrene Heimkehrer versuchte, sich unter einem Waggon auf das Nebengleis zu verdrücken und zu entkommen. Bei dieser scharfen Bewachung hat das wohl keiner geschafft. Selbst alte Hasen, die im Verdrücken sicher viel Übung hatten, waren chancenlos, denn über die Absperrung des Hamburger Bahnhofs hatte es keinerlei Hinweise, noch nicht einmal Gerüchte gegeben, so daß die Überraschung vollkommen war.

Der Zug stand lange Zeit am Bahnsteig. Da er in leichtem Bogen verlief, konnten wir sehen, daß lediglich vorne ein paar Tragbahren, wahrscheinlich mit Schwerverwundeten, ausgeladen wurden. Dennoch wußte niemand, weshalb keiner aussteigen durfte. Die Gerüchteküche brodelte, wie bei solchen Anlässen üblich. Mutti kam mit einer Version zurück, die ganz glaubhaft erschien. Im Zug seien Typhus und Scharlach ausgebrochen, der Zug stände wegen der großen Ansteckungsgefahr unter Quarantäne. Aber letztendlich kam sie mit einem Handzettel zurück, der die Latrinenparolen verstummen ließ:

Eine Anordnung der britischen Militärregierung von Hamburg besagte, daß keine Heimkehrer und Flüchtlinge nach Hamburg hineindürften. Die Stadt, deren Wohnhäuser zum größten Teil zerbombt waren, war nicht mehr in der Lage, den stetigen Menschenstrom aufzunehmen. Nur stundenweise gab es Strom und Wasser, die Nahrungslage war katastrophal, Hamburg hungerte mit stiller Verbissenheit. Verhungern und Selbstmord, Raub und Einbruch waren an der Tagesordnung. Das sogenannte Nissenhütten-Programm war gerade erst angelaufen, damit die Masse der in der Stadt gestauten Obdachlosen behelfsmäßig untergebracht werden konnte.

Diese halbrunden Hütten aus Wellblech gehörten jahrelang zum Stadtbild, besser gesagt zum Trümmerbild. Sie waren geteilt und für zwei Familien vorgesehen. Innen nicht isoliert waren sie im Winter eiskalt und feucht und im Sommer heiß und stickig. Die von den findigen Menschen eingebauten Feuerstellen und Öfen spendeten kaum Wärme. Kohlen gab es nicht, weil die Versorgung der eigenen Armee für die Engländer vorrangig war.

Man grub also in den Trümmern nach Holzbalken und -brettern, die von den Zwischenböden der einzelnen Etagen übrig geblieben waren, denn die heute üblichen Betondecken waren selten. Dieses Holz hatte die Flammenhölle leider zum großen Teil vernichtet, also war kein Baum, kein Strauch vor Abholzung sicher, obwohl es streng verboten war. Die Kälte verdrängte jede Furcht und Rücksichtnahme, und wenn auch diese Möglichkeiten erschöpft waren, gruben die verzweifelten, unterernährten Menschen in härtester Arbeit Baumstubben aus, um sie zu verfeuern.

Unser Zug fuhr nach einigen Stunden erst einmal wieder aus dem Hauptbahnhof in die Richtung, aus der wir gekommen waren. Ratlos sahen sich die Frauen an, immer wieder von unseren Fragen genervt: »Fahren wir wieder nach Österreich?« Links und rechts der Gleise dehnten sich Trümmer und Hausruinen endlos aus. Erst nach geraumer Zeit wurden die Ruinen weniger, und Wiesen traten in den Vordergrund. Die Freude auf die Heimkehr hatte uns das ganze Ausmaß des Elends und der Trümmermonotonie kaum bewußt werden lassen. Doch jetzt – konfrontiert mit der Wirklichkeit – erfaßten auch wir Kinder, was sich da draußen abspielte, und fragten: »Waren das alles mal heile Häuser? Haben da auch mal Leute gewohnt? Wo sind die jetzt?«

Mutti blickte nur starr vor sich hin, und aus Oma brach es heraus:»Mein Gott, was soll nun werden? Das kann man doch nie wieder alles aufbauen!« Wir hatten nach der Kapitulation zwar Fotos von endlosen Hausruinen gesehen, aber daß dieses auch Hamburg betreffen könnte, war jenseits unseres Vorstellungsvermögens.

Auf welchen verschlungenen Gleiswegen wir dann endlich in Bad Segeberg eintrafen, habe ich später nie nachvollziehen können.

Hunger, Kälte und tote Säuglinge

In Bad Segeberg mußten die deprimierten Menschen den Zug verlassen. Aus der wohligen und sicheren Wärme unseres Abteils stiegen wir hinaus in die klirrende Kälte. Rotkreuzschwestern und englische Soldaten nahmen uns in Empfang, ordneten uns in einen langen Zug, und ein endloser Fußmarsch begann. Uns voran Oma mit dem bepackten Kinderwagen, der die beiden Koffer tragen mußte. Mutti trug unsere Hannelore in der bunten Tragetasche, wobei ich sie zeitweise ablösen mußte, und Muschi und Moppel trotteten nebenher und knüpften erste Kontakte zu anderen Kindern.

Endlich wand sich der Menschenzug durch ein hölzernes

Tor mit einem Stacheldrahtzaun, und lange Baracken wurden sichtbar. Welche Aufgabe das Lager vorher erfüllt hatte, war nicht klar, es war jedenfalls einigermaßen sauber.

Bevor wir in die Baracken durften, mußte jeder einzeln durch ein Armeezelt gehen, in dem Soldaten mit großen Blechbehältern standen, an die ein Schlauch angeschlossen war, der in einer Sprühdüse endete. Jede Person, jedes Gepäckstück wurde mit einem weißen Pulver eingesprüht. Man hatte uns erklärt, daß damit Läuse, Wanzen und Flöhe abgetötet würden. Ob man uns wohl so bedenkenlos mit dem weißen Pulver, DDT genannt, eingesprüht hätte, wären damals schon die schädlichen Folgen dieses Giftes bekannt gewesen?

Nun begann die Aufteilung und Zuweisung der Menschen in die einzelnen Baracken, die man durch einen kleinen Vorraum betrat. Neugierig schauten wir uns um und waren furchtbar enttäuscht. In langen Reihen lagen Strohsäcke auf dem Holzboden, und nur wenige hölzerne Etagenbetten waren vorhanden. Mit Schimpfen, Fluchen und unter Einsatz ihrer Körperkräfte eroberten die Kräftigsten und Schnellsten diese Betten und bepackten sie mit ihrer Habe, damit nur ja niemand sie ihnen wieder wegschnappte. Wir anderen mußten mit den Strohsäcken vorlieb nehmen. Hundekalt war es außerdem, Brennmaterial war nicht vorhanden. Drei oder vier Bulleröfen standen nutzlos in der Barackenmitte herum. Trotzdem hieß es, sich so wohnlich, wie es unter diesen primitiven Umständen möglich war, einzurichten.

Wolldecken waren zum Glück reichlich vorhanden, und so legten wir uns erschöpft zum Schlafen nieder. Ein trockenes Kommißbrot hatte Mutti noch im Zug ergattern können und verteilte es sparsam, denn wer wußte schon, wie es weitergehen würde. Unser Schwesterchen Hannelore wurde in der Folgezeit immer dann gestillt, wenn Mutti Milch hatte. Sonst mußte sie mit in Milch oder Wasser aufgeweichtem Brot vorlieb nehmen.Wenn es gar nicht anders ging, kaute Mutti das Brot vor.

Den Rest des Brotes verstaute sie sorgfältig im Koffer, den sie vorsorglich unter die Wolldecke schob und als Kopfkissen benutzte, denn an den hungrigen und bettelnden Augen der Frauen und Kinder ringsum sah man, daß ihr knurrender Hunger sie durchaus zum Diebstahl verführen konnte. In diesen Zeiten war sich jeder selbst der Nächste, und Mutter mußte in der Nacht zwei Hände abwehren, die versuchten, den Brotkoffer unter ihrem Kopf hervorzuzerren. Daß nicht jeder, der noch etwas Eßbares besaß, auf diesen kostbaren Besitz aufgepaßt hatte, konnten wir am Morgen an verzweifelten und wütenden Stimmen einiger Frauen hören.

In der Nacht hatte es wieder klirrenden Frost gegeben, und auch die Wärme der tief unter ihren Decken vergrabenen Menschen hatte die Temperatur im ungeheizten Raum kaum ansteigen lassen. Dessenungeachtet schälten wir Kinder uns mit dem ersten Hellwerden aus den Decken und begannen, neugierig das Terrain zu erkunden. Unsere Hannelore hatte die Nacht warm genug in ihrer sorgfältig ausgestopften Tragetasche überstanden und quäkte ganz munter vor sich hin.

Anderen Säuglingen war es nicht so gut ergangen, denn im Vorraum standen sie aufgebahrt in zwei Kinderwagen mit Münzen auf ihren Augen, ein schockierender Anblick für uns.

Ob diese Babys erfroren oder verhungert waren, wissen wir nicht. Aber in den folgenden Tagen sahen wir noch öfter tote Kleinkinder. Die Säuglingssterblichkeit im Lager war hoch.

Tag um Tag verging. Es wurde langsam wärmer. Der Lagertrott wurde kaum von großen Ereignissen unterbrochen. Alles drehte sich darum, genug zu essen zu bekommen und nach Hamburg zurückkehren zu können. Aber jedesmal kam Mutti vom Lagerbüro mit negativen Nachrichten zurück, die Zuzugsperre war noch nicht aufgehoben worden. Immer wieder gab es Gerüchte, dann und dann ginge es los, sichere Quelle – und immer wieder stille Verzweiflung, wenn die Gerüchte wie Seifenblasen zerplatzten.

Apropos Seifenblasen: Seife war kostbarer Besitz und wurde sparsam verwendet. Wir besaßen noch ein Stück gute, schäumende Seife und mehrere Seifenbeutel. Diese Seifenbeutel wurden schon in den Kriegstagen aus Leinen- oder Baumwollstoff genäht. Man sammelte in ihnen Seifenreste und konnte so die Seife restlos verbrauchen. Waschgelegenheiten waren zwar ausreichend vorhanden, es gab aber nur kaltes Wasser, und oft genug waren die Leitungen eingefroren.

An manchen Tagen standen die Frauen im Waschraum an den Steintrögen und versuchten, mit der Ruffel und blaugefrorenen Händen wenigstens etwas Leibwäsche zu säubern. Wenn man auch nichts besaß, so wollte man doch wenigstens sauber sein. Glücklich konnte sich derjenige schätzen, der von der Lagerküche etwas heißes Wasser ergattern konnte, denn dieses reichte nie für alle aus.

Einen Vorteil hatte unsere katastrophale Situation immerhin: Endlich waren wir läusefrei, und unsere Kopfschwären, verursacht durch dauerndes Kratzen, verheilten langsam. Insbesondere unsere Mutter lebte förmlich auf!

Die Tage vergingen, und einige tüchtige Menschen schafften sich mit rings um ihre Strohbetten aufgehängten Zeltplanen einen eigenen kleinen Familien- und Intimbereich.

Die Lebensmittelkarten mußten bei der Lagerleitung abgegeben werden. Wir erhielten dafür winzige Portionen Brot, warme Mahlzeiten wie Hafer-, Steckrüben- oder Wurzelbrei und gekochten Kohl. Mit diesen wenigen Kalorien zu überleben grenzte an ein Wunder, und wir alle magerten mehr und mehr ab.

Die Erwachsenen, die etwas Tauschbares oder Bargeld besaßen, befaßten sich in diesen Tagen mit dem »Organisieren«. Das Eßbare, das nun glücklich von zugänglichen Bauern angeschleppt wurde, sah traurig genug aus. Speck, Fett oder Brot waren Raritäten, selten gab es Kartoffeln, doch auch mit Steckrüben oder Wurzeln war man schon zufrieden. Für manche Mutter hieß es allerdings: Not kennt kein Gebot, und um den Hunger ihrer Kinder stillen zu können, bezahlten diese Verzweifelten mit ihrem eigenen Körper.

Dieser letzte Ausweg blieb unserer Mutter erspart, denn wir hatten ja im Bügel des Kinderwagens mehrere tausend Reichsmark versteckt. So konnte Mutti ihr Talent zum »Tschintschen« entwickeln und unsere mageren Portionen wenigstens manchmal mit zusätzlichen Wurzeln oder Steckrüben aufbessern. Mir hat das immer geschmeckt, nur mit rohen Kartoffeln, wenn es sie gab, konnte ich mich nie anfreunden, während meine Geschwister sie mit wahrer Wonne verzehrten.

Was in und um Deutschland und in Hamburg geschah, konnten wir im Lagerradio hören, dessen große Lautsprecher in jeder Baracke angebracht waren. Zeitungen gab es kaum einmal, denn bisher hatte die englische Militärregierung wenig Lizenzen erteilt. Wenn ich mich recht erinnere, gab es manchmal das »Hamburger Echo«.

Trümmer, Trümmer und doch: herrliches Hamburg

Der Winter war langsam schöneren und wärmeren Tagen gewichen, und plötzlich ging Unruhe durch die Barackenreihen. Dann war überall Jubel zu hören, und auch Mutti und Oma hatten strahlende Gesichter. Diesmal war es kein haltloses Gerücht: Wer eine Wohnmöglichkeit in Hamburg nachweisen konnte, durfte heimkehren. Auch wir jauchzten, tobten und kugelten uns vor Freude herum.

Oma hatte seinerzeit schon in Westpreußen per Post von ihrem Bruder und den Schwiegereltern von Mutti erfahren, daß ihre Wohnung nicht zerbombt war, sondern der gesamte Wohnblock Herrengraben, Rehhoff- und Pasmannstraße bis auf kleine Bombenschäden noch stand. Sie galt nach wie vor als Wohnungsinhaberin. Nur dem Durcheinander nach dem großen Bombenangriff war es zu verdanken, daß sie damals eine Ausbombungsbestätigung erhalten hat und mit uns Hamburg verlassen durfte.

Die Wohnung unserer Eltern auf der anderen Seite der Pas-

Bereits 1954 war das gesamte Hamburg von Trümmern geräumt. Blick vom Michel in Richtung Holstenwall und Außenalster.

mannstraße war als gesamter Block, d. h. mit dem Bereich Anberg, Schaarsteinweg und Herrengraben, ausgebombt. In den frühen Nachkriegsjahren konnte man noch erkennen, wie die britischen Bombenteppiche Schneisen der Verwüstung durch Hamburg gezogen haben. So entstanden fast schnurgerade Reihen zerstörter und beschädigter, aber ansonsten unzerstörter Häuser. Stellte man sich mit dem Rücken zum U-Bahn-Viadukt am Baumwall mit Blick zum Michel, so sah man im Geiste die verschwundenen Gebäude und Straßen: Herrlichkeit, Feuerwache Admiralitätstraße, Herrengraben, Rehhoffstraße, Martin-Luther-Straße, Mühlenstraße, St. Michaeliskirche, Hütten, Holstenwall, Heiligengeistfeld und in Fortsetzung Feldstraße usw. Es ist anzunehmen, daß diese Schäden durch Brand- und nicht durch Sprengbomben verursacht wurden.

Überglücklich hielt Oma die Wohngenehmigung für ihre Wohnung am Herrengraben hoch, und Mutti schwenkte die Zuzugsgenehmigung für die Wincklerstraße, wo inzwischen unser Vater, der aus norwegischer Internierung heimgekehrt war, bei seinen Eltern wohnte und unseren Zuzug durchgesetzt hatte.

Gegen acht Uhr am nächsten Morgen fuhren einige klapprige Lastwagen vor. Diese Luxuskarren mit Holzgasofen als Benzinersatz sollten uns in die ersehnte Heimatstadt bringen. Das Besteigen der Ladefläche ging diszipliniert vor sich, und so brauchte ich die Tragetasche mit unserer Schwester nicht mehr ganz so eifrig beschützen wie noch im Zug von Österreich nach Deutschland.

Nachdem wir alle aufgestiegen waren, Sitzplätze gab es nicht, setzten sich die Fahrzeuge mit den dichtgedrängten Menschen in Bewegung und traten stinkend und schnaufend die stundenlange Heimfahrt an. Der zylindrische Holzgasofen, angebracht hinter dem Fahrerhaus an der Beifahrerseite, klickerte unermüdlich vor sich hin. Den in seiner Nähe stehenden Personen tränten bald die Augen, und sie husteten dauernd, weil sich der säuerlich-rauchig-beißende Dunst auf die Atemwege legte.

Erst einmal ging die Fahrt durch ländliches Gebiet. Von Kriegsschäden war kaum etwas zu sehen, vielmehr schon bestellte Felder. Immer wieder hielt der Konvoi an, denn die Fahrer mußten die Holzgasöfen mit Klobenholz füttern, damit sie weiter Gas erzeugten. Langsam wurde die Bebauung dichter, dazwischen aber auch hier einige Häuserruinen. Wir wurden stiller und stiller, denn nun kamen wir über Ochsenzoll in das eigentliche Stadtgebiet, das man nur noch als Trümmerfeld bezeichnen konnte. Links und rechts dehnten sich hohe Trümmerberge und Fassaden mit Fensterhöhlen, hinter denen kaum noch mal eine Wand zu sehen war. Über allem lag eine unheimliche Stille. Ab und zu waren Menschen oder ein Hund oder eine Katze zu sehen.

Gegen Mittag hielten die Laster endlich auf dem Rathausmarkt, dessen Namen Adolf-Hitler-Platz man schnellstens wieder getilgt hatte. Bedrückt kletterten wir von der Ladefläche und luden unsere Habe ab. Ab hier gab es keine Hilfe mehr, ab hier hieß es: Hilf dir selbst!

Drangvolle Enge, aber ein Zuhause

Wohnen konnte man im zerbombten Hamburg wirklich nicht mehr als solches bezeichnen. Eine Familie bestand nur noch aus einzelnen Individuen, die sich in den wenigen erhaltenen, aber desolaten Wohnungen dicht an dicht zusammendrängen mußten. Vom sogenannten Intimbereich konnte man nur noch auf der Toilette sprechen. In den Wohnungen hausten Fremde und Verwandte, Alt und Jung auf allerengstem Raum zusammen. Viele Gebäude waren zudem von den englischen Besatzern beschlagnahmt worden.

Aber zunächst näherten wir uns langsam dem Ziel unserer Sehnsucht. Unsere Route verlief unter dem Hochbahn-Viadukt Richtung Rödingsmarkt, Michaelisstraße, Admiralitätstraße, Slamatjenbrücke, ringsum standen fast nur Ruinen und wenige erhaltene Gebäude, die aber auch kaum trostvoller aussahen.

An der Ecke Martin-Luther-Straße und Herrengraben nahm unsere Oma ihren Koffer und ging zu ihrer Wohnung. Wir anderen wanderten weiter zur Wincklerstraße 6, wo unsere anderen Großeltern wohnten. Hier kannte ich mich schon wieder aus, denn die Häuser waren fast vollständig stehengeblieben. An Muttis Seite wanderte ich zielstrebig, die Geschwister im Schlepp, auf den Hauseingang zu. Plötzlich brachen über uns ein Riesengeschrei, Lachen und »Huhu«-Rufe aus. Wir blickten hoch, und da standen sie auf dem Balkon in der zweiten Etage und gebärdeten sich wie verrückt: unsere Tanten Anneliese und Alice!

Die Treppenhaustür stand offen, und von oben kamen uns die beiden entgegengetobt und fielen uns um den Hals. Alle weinten und lachten. Bedächtiger und gefaßter kam unser Paps die Treppe herab, strich uns Kindern über die Köpfe und nahm Mutti in die Arme. Während die zwei erst einmal lange Zeit auf dem ersten Treppenabsatz stehenblieben, stiegen wir mit unseren Tanten die Etagen hinauf und wurden von Oma und Opa herzlich in Empfang genommen. Noch ein fremder junger Mann war da, der sich uns als Verlobter von Tante Alice vorstellte und Hans hieß.

Alle wußten zwar, daß wir kommen würden, dennoch kamen wir überraschend. Die Postzustellung funktionierte zwar schon wieder, aber da wir von einem Tag auf den anderen heimtransportiert wurden, konnten wir uns nicht mehr anmelden. An Telefon oder Telegramm war schon überhaupt nicht zu denken. Da wir also überraschend kamen, war noch nichts vorbereitet. Auf engstem Raum galt es nun, elf Personen unterzubringen.

Das war nicht einfach, da die Wohnung nur drei Wohnräume hatte. Wenn man die Wohnungstür öffnete, blickte man in den engen, ungefähr 1,5 Meter breiten langen Flur.

Gleich rechts ging es in die Küche, die fast dreieckig war. An der Spitze des Dreiecks befand sich ein hohes schmales Fenster. Platz unter der Fensterbank war nur für einen alten Nachtschrank, der Schuhputzzeug enthielt.

Rechts neben der Küchentür prangte der große Küchenherd. Neben dem Herd stand ein vierflammiger Gasherd. Daneben wiederum ein schmaler hoher Küchenschrank. Links neben der Tür befand sich der Wasserhahn mit dem üblichen halbrunden Waschbecken aus Gußeisen, Handstein genannt. Im stumpfen Winkel zum Handstein war die schmale Tür einer winzigen Speisekammer, als Fortsetzung ein hohes, einen Meter breites Küchenfenster mit ebenfalls niedriger Fensterbank, dessen einer Flügel noch mit Holzpappe vernagelt war.

An die restliche Wand zum Eckfenster hin war ein Küchentisch geschoben, vier Stühle gehörten dazu. Der Tisch war typisch für jene Zeit. Eine Längsseite war ausziehbar, darunter kam die sogenannte Abwäsche zum Vorschein. Diese bestand aus einer Holzplatte mit zwei runden Ausschnitten, in die zwei Emailleschüsseln eingesetzt waren. In diesen Schüsseln wurde das Geschirr abgewaschen. Spülmittel waren noch unbekannt, für die Abwäsche nahm man grobkristalliges Soda. In der zweiten Schüssel wurde das gespülte Geschirr abgestellt und Stück für Stück mit einem Geschirrhandtuch abgetrocknet. Das Spülwasser wurde in den Handstein geschüttet.

Im Flur befand sich neben der Küchentür die große Flurgarderobe mit Hutablage, Spiegel und Regenschirmkorb. Es folgte ein schmales, hohes Fenster. Um die Ecke herum erreichte man die winzige Toilette, die auch die zweite Waschgelegenheit der Wohnung, ein kleines Handwaschbecken, enthielt. Auch dort war ein kleines Fenster. Darunter hing der verwaiste Toilettenpapierhalter, neben dem der übliche Nagel mit dem zurechtgeschnittenen Zeitungspapier eingeschlagen war, der notdürftige Ersatz. Wandschmuck war auch da, beispielsweise ein Wandspruch in schnörkeliger Schrift: »Wenn's Arscherl brummt, ist's Herzerl g'sund«. Am besten gefiel mir ein Schild mit dieser Inschrift:

> Hast du vollendet dein Bemüh'n,
> mußt kräftig an der Klingel zieh'n.
> Mach's Fenster auf, lass' Luft herein,
> der nächste wird dir dankbar sein!

Links vom Örtchen war die Abstellkammer, die sich als wahre Fundgrube und Schatzkammer entpuppen sollte. Neben der Kammer war die Schlafzimmertür. Dieses Zimmer mit den verschnörkelten dunklen Möbeln war sehr eng. Neben Ehebett und großem Kleiderschrank standen noch eine Frisiertoilette mit Waschschüssel und Wasserkanne aus Porzellan, eine Kleidertruhe und ein uralter Puppenwagen mit großen Rädern. Darin saßen zwei große Puppen mit Porzellanköpfen und echtem Haar. Wagen und Truhe versperrten eine breite Flügeltür, den Zugang zum Wohnzimmer. Der Balkon konnte nur vom Schlafzimmer aus betreten werden.

Das Wohnzimmer war schmal und gedrängt voll mit Möbeln aus der wilhelminischen Zeit. Das wuchtige Buffet mit Schrankaufsatz war vollgestopft mit Büchern, Geschirr, Gläsern usw. Ein schweres Lehnsofa und etliche passende Stühle, zu denen ein klobiger ausziehbarer Tisch gehörte, nahmen viel Platz ein. Außerdem standen noch ein Piano und ein Grammophonschrank mit Schellackplatten im Zimmer. Beheizt wurde es mit einem turmartigen weißen Kachelofen.

Im sogenannten Kinderzimmer waren drei Betten, ein gußeiserner Ofen und ein schmaler Kleiderschrank. Muschi, Moppel und ich schliefen in dem einen Bett, das zweite belegte Paps mit Mutti, das dritte Tante Alice mit ihrem Verlobten. Tante Anneliese schlief mit im Ehebett unserer Großeltern. Hannelore war noch ganz gut im Kinderwagen aufgehoben.

Am nächsten Morgen wurde erst einmal die Namensliste an der Wohnungstür ergänzt. Nach einer Verordnung der Militärregierung mußte jeder einzelne Name, auch der der Kinder, an der Wohnungstür stehen. So wurde das übliche Namenstürschild des Wohnungsinhabers von einer fast einen halben Meter langen Namensliste abgelöst.

Trotz drangvoller Enge waren wir doch froh, eine intakte Wohnung zu haben. Das Haus Wincklerstraße 6 hatte sein Fortbestehen meinen Großeltern, den Tanten Alice und Anneliese und Onkel Hans Joachim zu verdanken, die in der Bombennacht »Gomorrha« am 24./25. Juli 1943 die durch Brandbomben verursachten Brände noch während des Angriffs löschten.

Onkel Hans, wie wir ihn nannten, war am 24. Juli in den späten Abendstunden auf Heimaturlaub gekommen. Er marschierte vom Hauptbahnhof durch ein heiles Hamburg und sah nur einige Stunden später alles in Schutt und Asche fallen. Unser Vater hatte sofort Bombenurlaub bekommen und traf nur einen Tag nach unserer Evakuierung in Hamburg ein. Ohnmächtig mußte er zur Kenntnis nehmen, daß unsere Wohnung nicht mehr existierte. Seine Familie traf er auch nicht mehr an, und der einzige Trost, der ihm blieb, war: alle lebten.

Unser Zusammenleben spielte sich langsam ein. Sogar die Morgentoilette am Küchenhandstein und dem winzigen Waschbecken in der Toilette klappte. Auch die Ganzwaschungen in der großen Zinkwanne konnten in der Küche, sofern genügend Heizmaterial vorhanden war, stattfinden, meistens in den Abendstunden und bei Petroleum- oder Kerzenlicht wegen der Stromsperre. Auch Gas für Kochzwecke war nur stundenweise in den Leitungen und wurde stadtteilweise eingespeist. Wann wer Strom oder Gas anstellen konnte, wurde im Radio bekanntgegeben.

Karl May, Steckrüben, Heißgetränk und Kalorien

Die Abstellkammer neben der Toilette hielt Opa immer sorgfältig geschlossen, dennoch konnte ich eines Tages einen Blick in die Schatzkammer werfen: Es stapelten sich dort Hefte,

Wo eine Schlange stand, gab es irgendwas zu kaufen. Wache Zeitgenossen hatten stets ein Einkaufsnetz dabei.

Schreibblöcke, Schreibmaschinenpapier, Kartons mit Radiergummis, Bleistiften und Federhaltern, Gummibänder, Tintenflaschen, Leimdosen. Dieser weiße Leim duftete nach Marzipan, aber trotz seines verführerischen Geruchs habe ich nicht gewagt, daran zu schlecken.

Und dann die größte Überraschung: Reihenweise standen dort Bücher mit goldgeprägten dunkelgrünen Buchrücken – über sechzig Bände von Karl May. Nun gab es kein Halten mehr. Großvater wurde bekniet, und nachdem ich zur sorgfältigen Behandlung der Bücher vergattert worden war, durfte ich den ersten Band lesen, es war natürlich »Winnetou I«.

Die Bücher waren in gutem Zustand, obwohl sie von meinem Vater, den beiden Onkeln und auch meinen Tanten oft gelesen waren. Eine wunderbare Welt tat sich mir auf. Wo ich ging und stand verschlang ich einen Band um den anderen. Karl May war für die nächsten Monate meine Welt und ließ manches Magenknurren vergessen. Auch die Dunkelheit konnte mich nicht am Lesen hindern. Eine Flachbatterie und eine Taschenlampenbirne, die ich mit den Fingern vorsichtig zwischen den langen Polen festhielt, halfen aus unter der Bettdecke. Leider hielt diese Freude mangels Energie der Batterie nicht sehr lange an.

Die allgemeine Volksmusik des Jahres 1946 hieß Magenknurren, und das Wort Kalorie gewann immens an Bedeutung. Auf den Lebensmittelmarken waren die Zuteilungen zwar vorhanden, aber die Realität sah anders aus. Vor wenigen Geschäften standen lange Schlangen ausgemergelter Menschen, die oft genug stundenlang umsonst warteten und ihr Glück am nächsten oder übernächsten Tag erneut versuchen mußten. Rund 1100 Kalorien täglich standen jedem zu, das war zum Leben zu wenig und zum Sterben zu viel. Natürlich magerten auch wir ab. Besonders an die hageren faltigen Gesichter unserer Großeltern erinnere ich mich, Oma hatte sogar Hungerödeme an den Beinen und wurde immer bettlägeriger.

Wir hatten es ein wenig besser, denn von der Kirche wurde fast täglich heiße Suppe für Kinder bis zum achten Lebensjahr, die sogenannte »Schwedenspeisung«, ausgegeben. So wanderte ich also jeden Tag zum Grufteingang von St. Michaelis und holte in einem Wehrmachts-Kochgeschirr ca. einen Liter Suppe. Jedesmal wurde ich dabei an 1943 erinnert, aber der Hunger und die Vorfreude auf einige Löffel Suppe überwogen. Obwohl mir keine Suppe zustand, denn ich war mittlerweile neun Jahre alt, teilte Mutti die Suppe für uns vier Kinder sorgfältig auf. Erst später ist mir bewußt geworden, wie schwer den Erwachsenen das Zuschauen gefallen sein muß.

Gegessen wurde nämlich stets an der Mittagstafel, worauf unser Großvater großen Wert legte. Die Schübe des Wohnzimmertisches wurden nach beiden Seiten ausgezogen, Opa saß als Oberhaupt mit dem Rücken zum Fenster an der Spitze der Tafel, links und rechts folgten dann wir, jeweils zu fünft, denn auch unsere kleine Schwester hatte in einem Hochstuhl ihren Platz und wurde von Mutti gefüttert. Links und rechts von Opas Teller standen ein großer Karton Vitaminpulver – der

Himmel weiß, woraus das bestand – und eine Flasche giftrotes, künstlich gesüßtes »Heißgetränk«. Mit Wasser verdünnt war es das Tischgetränk.

Auf dem Tisch standen meistens zwei Terrinen mit Steckrüben. Kartoffeln oder Soßen gab es ganz selten, die Hauptspeise waren diese Steckrüben, deren aufdringlicher Duft die ganze Wohnung durchzog, und die ich nur mit größtem Widerwillen aß. Der Geruch von Steckrüben verursacht mir heute noch Brechreiz.

Manchmal gab es Graupensuppe, die ich gerne aß, insbesondere wenn sie aus groben Graupen bestand. Das bißchen Fleisch, das es auf Marken gab, wurde winzig klein geschnitten, etwas Porree und Wurzeln kamen dazu und manchmal schwammen sogar kleine Fettaugen auf der Suppe, die nur leise vor sich hin köcheln durfte, damit sie nicht anbrannte. Auch das Brot mußte streng eingeteilt werden. Aufstrich war meistens undefinierbare Vierfruchtmarmelade, ab und an mit talgiger Margarine darunter.

Das Brot holten wir bei Bäckerei und Konditorei Nissen, deren Laden sich seitlich von unserem Hauseingang befand. Dieser häuslichen Nachbarschaft und den gemeinsam überstandenen Bombennächten war es zu verdanken, daß unsere Brotzuteilung stets gut funktionierte. Hier kauften unsere Tanten auch manchmal »Tutti-Frutti«, süßliche, bräunliche Riegel, deren Bestandteile man nicht ausmachen konnte. Trotzdem schmeckten sie uns, Bonbons und andere Leckereien waren ferne Erinnerungen.

Die Gemüsezuteilung holten wir bei Sunkimat am Anberg oder bei Meier in der Pastorenstraße. Fleisch gab es bei Schlachterei Matthiesen Ecke Wincklerstraße, oder bei Eichstetter in der Martin-Luther-Straße, wo wir manchmal ein oder zwei Liter Wurstbrühe ergattern konnten, die gut roch und sogar fettig war.

Allen Händlern gemeinsam war, daß auf das Gramm genau abgewogen wurde. Ob Feinkost-Giehse, Konfitüren-Bolzmann, Milch-Rübcke, Lebensmittel-Hillenstedt oder Feinkost-

Schröder – überall wurde akribisch genau nach den Angaben auf der Lebensmittelkarte abgewogen und dann die Abschnitte mit der Schere abgeschnitten. Auf die Frage: »Darf es ein bißchen mehr sein?« habe ich lange Zeit allergisch reagiert und auf genauem Auswiegen bestanden.

Die Hamsterer kommen

Unsere Mutti wurde zu einem Beschaffungsgenie auf den stadtbekannten schwarzen Märkten an der Michaeliskirche, Ecke Krayenkamp und Teilfeld, oder in der Talstraße auf St. Pauli. Hier konnte man vieles unterderhand erstehen, vorausgesetzt, man besaß die nötige Reichsmark oder Tauschbares. Brot, Zucker, Sacharin, Feuersteine, englische oder amerikanische Zigaretten, Butter und andere Fette, ja sogar Medikamente konnte man hier kaufen. Selbstverständlich gab es des öfteren Razzien der deutschen Polizei und der englischen Militärpolizei, aber wenige Minuten danach tauchten die Händler wieder auf, die sich in den umliegenden Ruinen versteckt hatten. Zuerst erstand Mutti manches auf dem Schwarzmarkt, später hat sie nach Kräften mitgehandelt, um die Familie über Wasser zu halten.

Reiner Selbsterhaltungstrieb zwang sie, mit Vater auf Hamsterfahrt zu gehen. Immer gelang es den beiden irgendwie, in einen der überfüllten Nahverkehrszüge zu steigen, die landeinwärts fuhren. Diese Züge bestanden aus klapprigen Personen- und offenen Güterwagen, die eigentlich die dringend benötigte Kohle aus dem Ruhrgebiet heranbringen sollten, die trotz der wieder angelaufenen Kohleförderung nur kleckerweise in den Norden gelangte und dann zuerst einmal von den Engländern beschlagnahmt wurde. Den Braunkohletransport aus der russischen Besatzungszone hatte man schnell wieder eingestellt, da es ein offenes Geheimnis war, daß immer mehr Züge hinfuhren als zurückkamen. Die Russen beanspruchten die Waggons und Lokomotiven als Reparationsgut, und man konnte sich ausrechnen, wann überhaupt keine Züge mehr fahren konnten.

Man setzte also lieber diese offenen Waggons ein, in denen die Menschen dichtgedrängt wie die oft zitierten Sardinen in der Büchse standen. Dennoch reichte dieser rollende Ersatz nicht aus für die vielen Menschen, und so war es noch lange Monate üblich, auf Puffern, Seitenleitern und Waggondächern mitzufahren. Diese katastrophalen Transportmöglichkeiten nutzte also auch unsere zielstrebige Mutter, unseren bedächtigen Vater im Schlepptau, der meistens eher ein Hindernis als eine Hilfe war, wie sie später oft erzählte. Aber ihm war es zu verdanken, daß sie von solchen Hamsterfahrten stets heil heimkehrten, denn Puffer- oder Dachfahrten lehnte er kategorisch ab.

Obwohl Vater aus der norwegischen Internierung mit sauberer Uniformkleidung heimgekehrt war, hatte er bei diesen Fahrten immer einen zerschlissenen Uniformmantel an, dazu eine löchrige, speckige Schirmmütze und abgenutzte Stiefel. Auf dieser schäbigen Verkleidung, die für viele arme Teufel normal war, bestand Mutter. Mit ihrer Meinung, daß die Bauern dann eher etwas herausgeben würden, hat sie bestimmt nicht falsch gelegen. Sie selbst war mit einem schäbigen Sommerkleid, Sandalen und einem alten Schal, den sie zum Turban geknotet hatte, bekleidet. Damit unterschied sie sich nicht von den Trümmerfrauen, die ganz gebliebene Ziegel aus dem Schutt bargen und den Mörtel abklopften. Dazu trug sie noch den alten Umstandsmantel aus Vorarlberg.

Auf irgendeinem ländlichen Bahnhof verließen die beiden den Zug, wobei sie darauf achteten, daß möglichst wenig Leute abstiegen. Vom Bahnhof aus bestand Mutti darauf, einen strapaziösen Fußmarsch von sechs bis acht Kilometern zu machen, obgleich unser maulender Vater partout nicht einsehen wollte, daß in der Nähe des Bahnhofs kaum etwas zu ergattern war. Der – wenn auch meist kleine – Erfolg hat Mutter stets recht gegeben.

Wenn Mutter nun auf einem Bauernhof vorstellig wurde, mußte Vater sich im Hintergrund halten. Stets versuchte sie, mit den Männern zu verhandeln, denn die Bäuerinnen waren Hamsterern gegenüber meist hart und feindselig. Schwer und oft genug erniedrigend war es in diesen harten Jahren 1946 bis 1948, den kleinen Rucksack wenigstens einigermaßen zu füllen. Besonders Menschen wie unsere Eltern, die kein gutes Geschirr, Wäsche oder Schmuck tauschen konnten, wurden herablassend behandelt oder sogar davongejagt.

Einmal hetzte eine Bauersfrau einen großen Hund auf die Eltern, den Vater aber mit einem kräftigen Stiefeltritt vertreiben konnte, ein anderes Mal wurden sie von einem Knecht mit geschwungener Mistforke vom Hof vertrieben, wobei unsere Mutter auf dem groben Schotterweg stürzte und sich beide Knie böse aufschürfte. Wegen der schlechten Ernährung heilten diese Wunden wochenlang nicht.

Auch der Heimweg war beschwerlich. Auf dem Bahnhof mußte man meistens stundenlang warten, weil die Fahrpläne oft Züge anzeigten, die gar nicht kamen, und hinzu kam die Angst, in eine Razzia zu geraten, denn das Hamstern war streng verboten. In dieser Hinsicht hatten unsere Eltern aber immer Glück.

Wie kostbar Nahrung war, sei an einem Beispiel verdeutlicht: Im Spätherbst 1946 brachten unsere Eltern zwei Fünf-Kilo-Körbe Kartoffeln mit heim. Alle freuten sich auf Pell- oder Salzkartoffeln, die man schon so lange entbehrt hatte. Es brach heftiger Streit zwischen den Erwachsenen aus, doch Mutti setzte sich durch. Beide Körbe verschwanden unter ihrem Bett. Der erste Korb bereicherte Weihnachten die magere Festtafel. Der zweite Korb überwinterte im ungeheizten Zimmer, und diese Kartoffeln mundeten uns vorzüglich zu Ostern 1947!

Heimweh nach Österreich

So sehr wir uns nach Hamburg gesehnt hatten, so sehr vermißten wir auch die Berge, das satte Grün und die vergleichsweise gute Ernährung des Vorarlbergs. Das alles zusammen war wahrscheinlich der Auslöser für Träume, die sich bei mir und meinen Geschwistern ähnelten.

In ihnen tauchte immer wieder die Molkerei Hosp gegenüber unserem Heim in Nüziders auf, wo ich die uns zugeteilte Milch geholt hatte, oder ich träumte von der knusprigen Kruste des Brotes unseres Bäck, und auch das Kommißbrot, das gute Schwarzbrot, das meine Mutter von ihren Besuchen bei Vater in der Kaserne mitgebracht hatte, kehrte im Traum wieder.

Ich träumte von unseren Klassenausflügen auf die Kartoffelfelder, wo wir die Kartoffelkäfer sammelten, die angeblich von feindlichen Flugzeugen abgeworfen wurden, um das Pflanzenkraut aufzufressen und den Wuchs zu verhindern. Ich träumte von den Maikäfern und den nur halb so großen Junikäfern und von den saftigen, mit Blumen übersäten Wiesen. Unsere Hilfe bei der Heumahd und unsere Versteckspiele im süß duftenden Heu auf dem Heuboden waren ebenfalls Bestandteile dieser Träume, ebenso wie das qualmende Kartoffelkrautfeuer im Herbst mit den gerösteten Kartoffeln, die so köstlich mundeten, oder der appetitlich duftende Riepel, der langsam in der Pfanne geröstet wurde. Also immer wieder Essen, Essen, Essen.

Unbewußtes Heimweh und Hunger muß diese Träume ausgelöst und auch meine späteren Jahre geprägt haben. So habe ich auch heute noch eine starke Bindung zu diesem schönen Ort in Vorarlberg und besuche ihn öfter. Auch neige ich dazu, einen größeren Vorrat an Konserven und haltbaren Lebensmitteln zu haben, und noch heute widerstrebt es mir, ein schimmeliges Stück Brot wegzuwerfen.

Omis Zimmerkampf

Oma wußte, daß ihr ausgebombter Bruder Albert ihre Wohnung am Herrengraben bewohnte. Als sie mit dem schweren Koffer die Treppe zum ersten Stock hinaufsteig, wunderte sie sich über das ungewohnt helle Treppenhaus. Ein Blick nach oben zeigte ihr, daß das Dach abgebrannt war. Eine zweite Bombe war in ihrem Haus eingeschlagen, durch die Holzböden der Wohnungen und durch die Betondecke des Kellers geschlagen, wo sie als Blindgänger liegenblieb. Eine SHD-Einsatzstelle mit Löschwagen befand sich glücklicherweise fast genau gegenüber. Diese Männer waren gar nicht erst zum Ausrücken gekommen, denn die ersten Bomben fielen genau in ihrem Bereich, und so konnten sie ihre lebensgefährliche Arbeit gleich vor Ort verrichten.

Von all diesen Dingen wußte Oma noch nichts, als sie zur Ersatzklingel, ähnlich einer Fahrradklingel, griff und las:

> Albert Niemeyer 1 x klingeln
> Ella Dunker 1 x klingeln
> Heinrich Brandt 2 x klingeln
> Martha Brandt 2 x klingeln
> Erich Heise 3 x klingeln

Je mehr Personen sich eine Wohnung teilten, desto abenteuerlicher wurden diese Klingelkombinationen, etwa 1 x klingeln – 1 x klopfen – 1 x klingeln usw.

Omas Bruder öffnete ihr und fiel aus allen Wolken, so unerwartet seine Schwester zu sehen. Nach Begrüßung aller Wohnungsinsassen stellte sich heraus, daß Oma höchst unerwünscht war. Onkel Albert beanspruchte nämlich die Wohnung für sich. Außer Onkel und seiner Lebensgefährtin Ella wohnte das alte Ehepaar Brandt, das eine kleine Kohlenhandlung am Herrengraben hatte, im zweiten Zimmer. Das dritte Zimmer hatte Onkel Albert zur Schneiderwerkstatt umfunktioniert, und es diente auch Herrn Heise, der als Arbeiter bei Brandts beschäftigt war, als Schlafplatz.

Unverholen äußerte man, daß Oma sich eine andere Bleibe suchen müßte. Da aber wurde unsere sonst so friedliche Omi energisch und setzte ihren Wohnungsanspruch nach einem hitzigen Disput durch. Die Werkstatt wurde ihr Wohnraum, in dem sie gleichzeitig gemeinsam mit Onkel Albert schneiderte. Herr Heise mußte sich mit einem Schlafplatz auf dem Sofa in der Küche bescheiden.

So hatte sich Oma unter Einsatz ihrer Ellenbogen eine Bleibe in der eigenen Wohnung erkämpft, und bei meinen häufigen Besuchen konnte ich nun miterleben, wie sie und Onkel Albert sich in der gemeinsamen Werkstatt die Schneiderarbeit einteilten.

Die Schneiderpuppe, wichtigstes Requisit, war ein halsloser Rumpf, drehbar auf dem dreifüßigen, gedrechselten Ständer. Sie stand an der zugeschlossenen Durchgangstür zum Nebenzimmer. Oma saß an der alten Singer-Nähmaschine vor dem Fenster, auf dem Holztisch thronte Onkel Albert im Schneidersitz, schmauchte eine gräßlich stinkende Pfeife und nähte emsig.

Den in seine Näharbeit vertieften Onkel mußte ich vorsichtig begrüßen, denn er war übermäßig schreckhaft. Ein kaputtes Trommelfell erforderte ein laut gebrülltes »Guten Tach, Onkel Albert«, das er mit »Tach, mien Jung« beantwortete. Dabei rutschte ihm meistens sein künstliches Gebiß nach vorne, denn er besaß keinen einzigen Zahn mehr.

Diese Schäden hatte er den Nazis zu verdanken. Als Kommunist unter Ernst Thälmann war er in den dreißiger Jahren verhaftet und im Konzentrationslager Neuengamme als Politischer schwer gefoltert worden. 1939 wurde er, seelisch gebrochen, als kuriert entlassen. Das alles erzählte er mit sanfter Stimme in Hamburger Platt, was die Schrecken komischerweise ein wenig dämpfte. Bruder und Schwester saßen nun einträchtig nebeneinander am Schneidertisch, sie vor kurzem noch eine glühende Nationalsozialistin, er ein überzeugter Kommunist.

1946 konnte man die Bewohner dieser Wohnung durchaus als wohlsituiert bezeichnen. Der Kohlenhändler sorgte für eine mollig beheizte Wohnung, und Onkel Albert hatte als anerkanntes Opfer des Nationalsozialismus Kontakt mit Ausländern aufgenommen, von denen Tausende als befreite Fremdarbeiter in Hamburg blieben. Diese brachten Stoffe und geeignete Wolldecken, die Onkel und Oma zu Jacken, Mänteln oder Hosen verarbeiteten. Bezahlt wurde zwar überwiegend mit Reichsmark, aber auch mit Konserven, Tabak, Zigaretten und Fett.

Schülerstreiche und Schulspeisung

Der sogenannte Ernst des Lebens begann auch wieder für uns, wir wurden nämlich neu eingeschult. Die Hamburger Schulen hatten den Unterricht schon bald nach der Kapitulation wieder aufgenommen. Ein Teil der Lehrer hatte wegen ihrer braunen Vergangenheit die Konsequenzen ziehen müssen, andere befanden sich noch in Gefangenschaft. Das alles verursachte einen erheblichen Lehrermangel, und deswegen waren Schulklassen mit bis zu sechzig Kindern keine Ausnahme.

Unsere Schule war am Holstenwall, gegenüber dem Museum für Hamburgische Geschichte. Anders als ich 1943 und meine Schwester 1944 mußte unser Bruder Gerhard auf eine Schultüte verzichten. Es gab ja nichts.

Unser Rektor Deicke war ein Mann durchschnittlicher Größe mit erheblichem Körperumfang. Ein dicker Bauch und Doppelkinn waren in jener Zeit ein äußerst seltener Anblick, und noch heute frage ich mich, wie dieser Mann so gut im Futter sein konnte. Er war für einige Jahre unser Musiklehrer, und wegen meiner glockenhellen Stimme hatte ich immer eine Eins im Singen. Auch im Knabenchor St. Michaelis sollte ich mitsingen, was an meiner eigenen Faulheit scheiterte, und so war ich selbst schuld, manche schöne Reise dieses Chors nicht mitgemacht zu haben.

Meine Klassenlehrerin, Fräulein Dammann, war ein typisches älteres Fräulein, sehr kurzsichtig, mit roten Pausbäckchen und Haardutt. Diese zierliche Person war herzensgut und bei allen Schülern beliebt. An die erste Unterrichtsstunde erinnere ich mich deswegen sehr gut, weil ich gleich einen Einser ins Klassenbuch bekam. Zufällig war nämlich Lesestunde, und Fräulein Dammann wollte mich testen. So legte ich denn los, fließend und mit Betonung. Meine Klassenkameraden raunten und Fräulein Dammann schien auch verblüfft zu sein. Meine Lesewut zahlte sich nun aus, denn meine Mitschüler waren über stockendes Lesen noch nicht hinausgekommen.

Mein Lehrer in Erdkunde war Max Schuett, ein Kriegskamerad meines Vaters. Obwohl auch er nicht selten den biegsamen Reetstock, den gefürchteten »Reetsche«, einsetzte, war er humorvoll, sehr beliebt und ein großer Fußballfan. Den Reetsche setzte er auch für leichtere Züchtigungen ein. Auf die vorgestreckten Handflächen gab es je einen oder zwei Hiebe. Von 1948 bis 1950 war er mein Klassenlehrer. Montags begann sein Unterricht stets mit Aufsatz, weil er dann seine geliebte »Sport«, die damals ausführlichste Sportzeitung, lesen konnte, wobei man ihn bei Strafe nicht stören durfte.

Ab 1949 unterrichtete uns eine Lehrerin in Geschichte, eine junge und attraktive Frau. Dieses Fräulein K. war sich ihrer Wirkung auf männliche Wesen voll bewußt und setzte sie auch gezielt gegenüber älteren Mitschülern ein, die mitten in der Pubertät waren. Sie setzte sich auf das mittlere Pult und stellte ihre Füße auf die Sitzbank, wobei im Verlauf der Stunde ihr Rock immer höher rutschte. Dann erhob sich hier und da ein hörbares Seufzen und Stöhnen, und in den hinteren Reihen wurde onaniert. Das kann ihr nicht verborgen geblieben sein, aber sie ging darüber hinweg. Es war gewissermaßen praktizierter Sexualkunde-Unterricht.

Mit unserer Einschulung mußten wir auf die Schwedenspei-

105

Hungrig warteten wir auf die Schulspeisung. Abwechselnd gab es Sojasuppe mit Wurst, Nudeln mit Fleisch oder Griessuppe mit viel Rosinen.

sung verzichten. Dafür gab es jetzt die tägliche Schulspeisung, für die das Internationale Rote Kreuz und das Deutsche Rote Kreuz sorgten. In großen Warmhaltekübeln wurde das Essen angeliefert und in der großen Pause gegen 12 Uhr ausgeteilt. In langer Reihe standen wir im Erdgeschoß vor dem Essenskübel und warteten artig auf den Schlag Suppe vom Hauspedell. Hatten wir sie ausgelöffelt, warteten wir gespannt, ob das Zauberwort »Nachschlag« fiel, denn täglich abwechselnd durften einige Schüler nachfassen. War die Essensausgabe beendet, fanden sich stets noch einige ewig hungrige Geister ein, die dann die leeren Kübel auskratzen durften.

An manchen Tagen kam unser Lehrer mit geheimnisvollem Gesicht in die Klasse und hielt dann strahlend einen Beutel mit Bonbons hoch, was großen Jubel auslöste. Gewissenhaft wurden diese köstlichen säuerlichen Bonbons gezählt, und jeder erhielt drei, manchmal auch fünf der farbigen Bonbons, die sogar während des Unterrichts gelutscht werden durften.

Die Vorfreude auf Schulferien wurde noch dadurch erhöht, daß es für die Schulspeisung einen sehr attraktiven Ersatz gab: Je nach Länge der Schulferien wurden ein, zwei oder auch drei »eiserne Rationen« verteilt und dazu noch eine Tafel Cadbury-Schokolade und ein paar Bonbons.

So eine eiserne Ration stammte aus Armeebeständen der Amerikaner und war in Folie eingeschweißt. Der Inhalt bestand beispielsweise aus einer Dose Leberwurst, einem Päckchen salzig-fettiger Biskuits, einem Riegel Schokolade, Tütchen mit Zucker, Salz und Tee, zwei, drei Folientüten Nescafé und Bonbons. Diese Schätze waren für die ganze Familie ungewohnte Genüsse.

Neue Freunde und Trümmerspiele

An zwei Freunde aus den ersten neuen Schultagen erinnere ich mich, mit denen ich das erste halbe Jahr viel zusammen war, und die beide nach dieser Zeit aus meinem Leben verschwunden sind.

Rolf war mein Banknachbar, und wir mochten uns vom ersten Tag an. Wir hatten denselben Schulweg, denn er wohnte im Slomanhaus am Baumwall. So wartete ich morgens am Michaelisstieg, bis er vom Anberg her auftauchte. Zusammen mit Waldemar, der in der Wincklerstraße bei Pflegeeltern wohnte, trödelten wir dann zur Schule, denn es gab unterwegs immer etwas Interessantes zu entdecken.

Mit Rolf zusammen machte ich gerne Schulaufgaben. Wenn wir fertig waren, stromerten wir meistens an der Waterkant herum, am Baumwall, an den Vorsetzen, an der Überseebrücke und an den Landungsbrücken. Auf den Pontons haben wir Würmer »gebadet«, d. h., mit einem Bindfaden an einem Kleiderbügel und einem selbstgefertigten Angelhaken versuchten wir, Fische zu angeln, meist ergebnislos. Mehr Erfolg hatten wir beim Fangen von Glasaalen, die wir mit einem blitzschnell durchs Wasser gezogenen Marmeladenglas einfingen. Damals gab es diese durchsichtigen, knapp fünf Zentimeter langen Jungaale massenhaft in der Elbe, deren Wasser selbst im Hafen noch ziemlich klar war.

Der Wagenbestand der Hamburger Hochbahn war erheblich beschädigt, und was noch rollte, war in desolatem Zustand. Viele Fenster waren mit Holzpappe oder Sperrholz zugenagelt. Die Glühbirnen in den Wagen waren mit stabilen Drahtkäfigen gegen Diebstahl geschützt. Der blaue Anstrich der Birnen stammte noch aus den Tagen der Verdunkelung. Aber nichts war vor Langfingern sicher, und stets herrschte bei Dunkelheit oder im Tunnel ein schummeriges Licht im Waggon.

Auch die Straßenbahn verkehrte wieder auf einigen Strecken. Eine Haltestelle der Linie 31 war unterhalb der Hochbahnstation. Die Straßenbahn war während des Berufsverkehrs zum Bersten voll, und wir schauten immer zu, wie bei Schichtwechsel die Hafenbarkassen anlegten und Massen von Hafenarbeitern zur Haltestelle hasteten. Bald hörte man auch das Quietschen der Straßenbahn, und der ohnehin volle Zweier- oder Dreier-Zug wurde nun förmlich gestürmt. Wer glaubte, daß niemand mehr reinpaßte, sah sich getäuscht. Jetzt standen die Menschen so eng gedrängt, daß niemand umfallen konnte. Ich habe immer die Schaffner bewundert, die sich durch die Masse Mensch kämpfen mußten, um das Fahrgeld zu kassieren. Zu allem Überfluß trugen sie vor dem Bauch die Fahrgeldkasse mit den Röhren für Fünfer, Groschen, Fünfziger, Einmark- und Zweimarkstücke. Diese Männer und Frauen leisteten in der Hauptverkehrszeit wirklich Schwerstarbeit.

Waldemar stammte aus dem hintersten Ostpreußen und war Deutschpole. Er war dreizehn, also drei Jahre älter als ich, und hatte traumatische Erinnerungen an die Flucht. Mit

Eltern und Geschwistern war er vor den anrückenden Russen geflohen. Der Treck wurde von russischen Tieffliegern angegriffen, die ein Blutbad anrichteten. Geschwister und Eltern wurden vom Maschinengewehrfeuer förmlich zerfetzt. Unter dem Leichenhaufen begraben und gleichzeitig dadurch geschützt konnte er sich nach dem Angriff befreien. Er irrte lange in der Schneewüste umher. Ein Trupp asiatischer Russen griff ihn letztendlich auf und mißbrauchte ihn sexuell und als Arbeitskraft. Eine Russentruppe nahm ihn als Maskottchen und Kochgehilfen mit nach Berlin, wo er den Endkampf miterlebte.

Durch diese Erlebnisse war er hart geworden, ein erwachsenes Kind, das mit ausdruckslosem Gesicht von dieser Hölle sprach. Anfang 1948 fand der Deutsche Kinder-Suchdienst des DRK einen seiner Onkel in Cuxhaven, und so verloren wir uns aus den Augen. Fast zeitgleich zog Rolf mit seinen Eltern nach Farmsen, und auch hier brach die Verbindung ab.

Trümmerfrauen und Trümmerausweis

Ab 1947 begann die Trümmerräumung in unserem Viertel. Große Dampfbagger der Firma Bauscher begannen ihr gefräßiges Werk. Riesige eiserne Abbruchbirnen, die an Stahlseilen vom Baggerführer in Schwung gebracht wurden, rissen die morschen Mauern der Ruinen ein. War keine Abbruchbirne vorhanden, spannte man Drahtseile um das Gemäuer, und der Bagger zog die Mauer vom Fundament. Auf dem Schaarsteinweg wurden Gleise für eine 60-Zentimeter-Feldbahn verlegt mit Weichen, Abstellgleisen und eisernen kleinen Drehscheiben, auf denen jeweils eine Lore gedreht werden konnte. Eine Diesel- und eine Dampflok schoben die Züge der mit Trümmern beladenen Kipploren zur Schaarsteinwegbrücke über

Heil gebliebene Steine wurden von Mörtelresten befreit. So mancher Neubau jener Zeit besteht aus solchen Ziegeln.

Neun Jahre alt war unsere Schwester, als sie diese Urkunde für ihre Ziegelbergung erhielt.

dem Herrengrabenfleet, wo die Trümmer über eine stabile Holzrutsche in Schuten gekippt wurden.

Wenn sonntags die Arbeit ruhte, gehörten die Gleise uns Kindern. Besonders gerne spielten wir »entgleisen«. Zwei Loren wurden in Fahrt gebracht und krachten zusammen. Die Begeisterung der Trümmerräumer, die anderntags die schweren Loren wieder auf die Gleise wuchten mußten, läßt sich unschwer vorstellen.

Am Straßenrand entlang standen säuberlich aufgeschichtete Reihen von erhalten gebliebenen Ziegelsteinen, die die Trümmerfrauen gerettet hatten. Zu dritt oder viert verrichteten diese Frauen ihre Knochenarbeit und putzten verbissen Stein um Stein. Obgleich diese Kriegerwitwen, Flüchtlingsfrauen und Heimatlosen eine Schwerarbeiterzulage bekamen, waren sie mager und verhärmt. Ihr Einsatz für den Wiederaufbau unserer Stadt ist nie richtig vom Hamburger Senat gewürdigt worden.

Auch die Hamburger Schulkinder wurden vom Senat aufgerufen, freiwillig Steine zu klopfen. Muschi und ich machten auch mit. Für fünfzig geputzte Steine gab es eine Marke, die in einem Trümmerausweis eingeklebt wurde. Als die Begeisterung angesichts der Blasen an den Händen abflaute, hatten wir immerhin fast fünfhundert Steine gereinigt und waren stolz auf unseren Ausweis.

Cowboy und Indianer

Die Mangeljahre 1945 bis nach der Währungsreform haben manchen Kindern arg zugesetzt. Rachitische Erscheinungen wie O- und X-Beine waren nicht selten. Auch Scharlach und Diphterie hatten oft leichtes Spiel bei den ausgemergelten Kindern. Tbc sowie angegriffene Hylusdrüsen, ebenfalls eine

Krankheit der Lunge und mit zusätzlichen Lebensmittelmarken für das kranke Kind behandelt, traten auch häufig auf. Dennoch ist mein Eindruck, daß diese Kindergeneration außerordentlich widerstandsfähig ist. Und was das Spielen anbelangt, wurde mir immer wieder bestätigt, daß wir eine glückliche Kindheit hatten.

Die Trümmerberge und Hausruinen waren Abenteuer-Spielplätze ungeahnten Ausmaßes für Cowboy- und Indianerspiele. Da es nichts zu kaufen gab, fertigten wir oder geschickte Mutterhände unsere Trachten selbst an. Hosen und Jacken bestanden aus grobem Sackleinen, mit Fransen und Glasperlen benäht. Stirnbänder mit Feder überwogen, eine Federhaube war schon seltener, denn Hühnerfedern in passender Größe waren schwer zu beschaffen. Und so blühte auch schon bei uns der Tauschhandel, z. B. 20 Hühnerfedern gegen 200 Tonmurmeln.

Gewehre wurden mit einem passenden Rohr und einem geschnitzten Holzschaft zusammengebaut. Besonders stolz war ich auf meine mit Stiefelnägeln verzierte »Silberbüchse«. Groß war die Aufregung, als unser Freund Dieter aus der Rehhoffstraße aus einem Care-Paket aus den USA einen silbrigschimmernden Blechcolt plus Sheriffstern und Gürtel erhielt. Einstimmig wurde er von uns Intsches und Cowboys zu unserem Sheriff ernannt.

Die Mädchen beteiligten sich fast immer an unseren Spielen. Meistens waren sie unsere Pferde, die schnaubend, wiehernd und hufescharrend ihre Aufgabe sehr ernst nahmen. In wildem Galopp ging es zur »Hohler-Ranch« an der Ecke Schaarmarkt und Hohler Weg und wieder zurück zur »Luther-Burg« Ecke Anberg und Martin-Luther-Straße. Insbesondere die Luther-Burg mit ihren vielen Kellerräumen war ein beliebter Spielplatz und wechselte immer wieder den Eigentümer. Denn wie unsere Pferde, wurden auch diese Besitzungen verkauft, wobei alte Weinetiketten als Dollarscheine fungierten.

Die Weinetiketten stammten aus der Kellerei Koch vom Herrengraben. Besonders wertvolle Dollarscheine waren Visitenkarten der Sloman-Reederei, die unser Beschaffungsgenie Moppel mit seinem Freund Helge aus einem Ascheimer am Baumwall barg. Seinen schon in Österreich erworbenen Ruf als Dreckspatz behielt er auch in unseren Trümmerjahren. Ragten aus irgendeinem Ascheimer mal wieder zwei Beine, so konnten es nur Helge oder Moppel sein.

Eine Anekdote im Zusammenhang mit diesen Weinetiketten sei im Vorwege erzählt:

Kurz vor Weihnachten 1949 war bei uns daheim dicke Luft. Paps schimpfte und fluchte leise vor sich hin, und wir Geschwister bekamen sehr schnell heraus, worum es ging. Auch Mutti verdrückte sich still in die Küche und flüsterte uns leise zu: »Ich hab' euch doch so gewarnt, aber ihr könnt ja nicht gehorchen! Nun kann ich zusehen, wie ich euren Vater wieder beruhige!«

In den Hungerjahren hatte Paps es immer geschafft, seinen nun schon Tradition gewordenen Eierlikör für Weihnachten und Silvester herzustellen. Wenn dieser Eierlikör auch meist mehr aus Kondensmilch und weniger aus Ei bestand, so schmeckte er doch immer sehr gut, und wir Kinder durften von diesem harmlosen Likör an den Feiertagen jeder einen Schnapsstamper voll genießen. Und um diese Schnapsstamper ging es.

Nun, wo er reinen Alkohol, Eier und Dosenmilch wieder ganz offiziell kaufen konnte, war es ihm nicht möglich, das erste Glas seines Gemischs genüßlich zu probieren! Es war nämlich nicht ein einziger Stamper mehr zu finden, obwohl er in seinem Schrankfach fast dreißig Stück, sorgsam in Seidenpapier eingewickelt, in einem großen Schuhkarton aufbewahrt hatte. Wir Kinder sahen uns schuldbewußt an und grinsten heimlich in Erinnerung an schöne Sommertage vor uns hin.

In der ausgebrannten SHD-Garage gegenüber unserem Haus Herrengraben 54, deren Männer, wie schon erwähnt, unseren gesamten Block in der Gomorrha-Nacht retteten, hatte ein Schiffsausrüster eine Menge Windhutzen gelagert, die auf den Dampfern Frischluft in das Schiffsinnere drückten. Zwei große Rolltüren aus Stahlblech verschlossen diesen Lagerplatz, konnten aber, da sie nur aufgehängt waren, von uns leicht mit dem Rücken weggedrückt werden, um dann durchzuschlüpfen. Mit einem blechernen Klang fielen sie gegen die Steinwand und zurück in die Senkrechte. Hier hatten wir unsere Westernbar eingerichtet!

Immer mehr unserer Freunde besuchten unser »Lokal«, wenn wir vorher bei unserem Cowboyspiel bekannt gegeben hatten, daß wieder Whisky in der Bar ausgeschenkt wird.

Unsere Pferde, die Mädchen, standen an den Leinen angebunden, schnaubten und scharrten mit den »Hufen«. Mit wiegendem Gang schritten wir zum Tresen, knallten lässig unsere Dollar aus Weinetiketten darauf und verlangten Whisky. Einen Dollar pro Glas. Die qualmende Zigarette im Mundwinkel, die manchmal Husten oder tränende Augen verursachte, erhöhte noch die Illusion.

Es konnte auch schon mal zu einem Revolverkampf kommen, wenn wir besoffen spielten, und dann zerplatzte manchmal ein Whiskyglas, sprich einer der verschwundenen Schnapsstamper, an der Wand. So hatten wir im Laufe des Sommers mehr und mehr die Stamper aus dem Schuhkarton verbraucht.

Den Whisky hatte unsere Mutti, die immer ein offenes Ohr für unsere Wünsche hatte und jeden Spaß mitmachte, aus Essig, Wasser und Zucker in einigen Flaschen gemixt. Die Zigaretten, selten einmal war es ein geklauter Stummel, lieferte uns ein alter Korbstuhl aus Peddigrohr. Dieses Rohr weist in seinem Inneren feine Kapillarröhren auf. Einmal angezündet, glimmt dieses Rohr wie ein Weihrauchstäbchen langsam mit weißer Asche ab, und der säuerliche Rauch ist nicht unangenehm.

Unsere sommerlichen Spiele waren winterlicher Kälte gewichen, und wie sollten wir unserem Paps nun verklaren, was mit seinen Stampern geschehen war? Unsere herzensgute Mutter, die selbst bei uns übermütiger Bande ab und an mal kräftig hinlangen mußte, spielte nun den Sündenbock für uns.

Zerknirscht machte sie unserem Vater weis, daß sie beim Saubermachen einige Bücher, darauf den Gläserkarton, auf die Fensterbank am offenen Fenster abgestellt hatte, dagegen gestoßen war, und der Karton aus dem Fenster gefallen war.

Ob so viel weiblicher Ungeschicktheit vor sich hin knurrend, glaubte unser Vater diese Geschichte. Nun mußte er, der sich so ungern vom Geld trennte, losgehen und neue Gläser kaufen. Von diesen zwölf Stück gehören noch einige zu unserem Erbe und werden zur Erinnerung sorgsam aufbewahrt!

Auch der Fund vieler Halbliterflaschen Tinte ging auf sein Konto. Wir brachten diese Flaschen zu einer weiteren Ruine, die wir als Spielplatz nutzten. Die »Pro-Burg« an der Ecke Pasmannstraße und Anberg bestand nur noch aus der ehemaligen Ladenfläche und der Betondecke, die nur über eine Mittelsäule durch ein kleines Bombenloch erreichbar war. Diese große freie Fläche war von einer bauchhohen Brustwehr umgeben und bot Schutz und Deckung vor Feinden, wenn wieder einmal Kloppe angesagt war. Der Gegner konnte zwar die Mittelsäule erklimmen, bekam aber spätestens eins aufs Dach, wenn er seinen Kopf durch das Bombenloch steckte.

Auf diesem Dach bauten wir immer wieder aus Mauerziegeln, Blechen und alter Dachpappe unsere Höhlen. Darin pafften wir unsere ersten geklauten Zigarettenstummel und schmiedeten Schlachtpläne. Hier wurden auch neue Mitglieder aufgenommen, wenn sie ihre Mutprobe bestanden hatten. Diese bestand darin, in einem der stockdunklen Keller der Luther-Burg wenigstens eine Stunde allein auszuharren und danach aufrecht über einen schmalen Eisenträger im Obergeschoß zu laufen. Das erforderte schon einigen Mut und Körperbeherrschung, denn ein Fall aus drei Meter Höhe wäre bestimmt nicht ungefährlich gewesen.

An einem sehr regnerischen Tag saßen wir wieder einmal in unserer Höhle auf dem Pro-Dach, machten viel Unsinn und dachten an nichts Böses. Die Höhlenabdeckung hielt fantastisch dicht und ließ an keiner Stelle Wasser durch. Türloch und Sichtöffnungen waren wegen der Kühle mit Sackleinwand verhängt, und wir hatten mehrere Kerzen angezündet.

Eine Wache war nicht aufgestellt, da wir uns mit keiner Bande im Kriegszustand befanden. Plötzlich rumorte es rings herum an den aufgeschichteten Ziegelsteinen, die Wände wurden durch kräftige Tritte ins Wanken gebracht, und mit Gepolter brach alles zusammen. Wir waren viel zu erschrocken, um schnell zu reagieren, und hatten erst einmal genug zu tun, uns unter Steinen, Brettern und Dachpappen herauszuwühlen.

Bedrupst standen wir vier Mann hoch um den Trümmerhaufen herum und mußten erst einmal den traurigen Anblick verdauen. Von den Angreifern war nichts mehr zu sehen. Wir wurden nun wütend wie Hornissen, denn es gab keinen Anhaltspunkt, wer die gemeine Bande war. Besuch von anderen Jungen hatten wir ja oft genug auf der Pro-Burg gehabt, und so kamen als Täter praktisch alle in Frage. Niedergeschlagen kletterten wir durch das kleine Bombenloch nach unten, hier konnten wir endlich wieder trocken stehen und sitzen. Aber alles hin- und herrätseln half nicht, es gab keinen Hinweis darauf, wer der Feind war. Bedrückt gingen wir alle heim, denn es dunkelte langsam.

Beim Abendbrot erklang ein Rasseln der Konservendosen aus unserer Schlafkammer, und ich wußte sofort, daß dies nur mein Freund Dieter sein konnte, der etwas von mir wollte. Er wohnte Ecke Anberg/Rehoffstraße, und von dem Kammerfenster seiner elterlichen Wohnung hatte man einen direkten Blick zu unserem Fenster am Herrengraben. Beide Fenster gingen auf den Innenhof hinaus, und nach einem Tip in der damaligen Jugendzeitschrift »Das Zelt« hatten wir von Fenster zu Fenster eine circa 50 Meter lange Bindfadenverbindung gespannt. An jedem Ende war eine leere Konservendose angebracht. Durch ein kleines Loch im Dosenboden wurde das Band gezogen und mit einem Knoten gesichert. Spannte man nun diese Leine und sprach in die Dose, so konnte man an der anderen Dose mit hineingehaltenem Ohr ganz gut verstanden werden.

Als ich mich meldete, teilte Dieter aufgeregt mit, wer die Täter gewesen sein mußten. Seine Mutter hatte vom zur Pasmanstraße gelegenen Küchenfenster beobachten können, wie einige Jungen auf unsere Pro-Burg kletterten und die Höhlen eintraten. Es war reiner Zufall, daß sie aus dem in der zweiten Etage gelegenen Fenster hinausschaute, sie konnte daher auch nicht wissen, daß wir in der Höhle saßen, sonst hätte sie sich wohl mehr Sorgen gemacht. Als Dieter von unserem Ärger erzählte, beschrieb sie ihm, was sie gesehen hatte. Unter anderem beschrieb sie auch einen Jungen, der ziemlich auffällig humpelte. Den »Humpler« kannten wir genau. Er gehörte zu den eigentlich mit uns verbündeten Jungen der Großneumarkt-Bande! Diese bestand aus Jungen von der Wex- und Brüderstraße, vom Alten Steinweg und vom Großneumarkt.

Noch am Abend trommelten wir alle zusammen, denn eine Kriegserklärung war fällig, Kloppe mußte sein! Ungeduldig wieherten unsere Pferde, die Zügel wurden angelegt. Ein weißer Stofflappen als Parlamentärsflagge wehte am Stock, und ab ging es in wildem Galopp, drei Jungen als Botschafter und drei Mädchen als Pferde, hin zum Großneumarkt.

Neben dem Gebäude, in dem sich damals wie heute die Polizeiwache befand, war die weitere Häuserzeile zerbombt. In einem großen Keller unter der ersten Ruine war das Hauptquartier der Großneumarkt-Bande. Zwei Wachen hatten uns schon erspäht und in Empfang genommen. Uns wurden die Augen verbunden, sodann wurden wir in den Keller geführt. Hier hockte der Anführer im Licht einer Kerze, neben ihm der »Humpler« mit feixendem Gesicht. Würdig nahm er unsere Kriegserklärung entgegen und meinte, daß ja wohl mal wieder etwas los sein müßte und wir später wieder Frieden schließen könnten.

Die Schlacht sollte am nächsten Nachmittag auf der riesigen Trümmerfläche zwischen Großneumarkt und Michaeliskirche stattfinden.

So bahnte sich dann Niederlage und Sieg bei der Kloppe an. Niederlage insofern, als wir in der Anzahl unserer Krieger hoffnungslos unterlegen waren und uns vor dem Steinhagel in wilder Flucht zurückziehen mußten, verfolgt von der johlenden Großneumarkt-Bande. Sieg wiederum, weil wir uns in letzter Not auf unsere Pro-Burg zurückzogen und von hier oben den Gegner mit den erwähnten Tintenflaschen bepfefferten. Knallend zerplatzten die Tintenflaschen auf dem Straßenpflaster, und alsbald waren unsere Gegner über und über mit Tintenflecken bedeckt und mußten sich mit wilden Drohungen zurückziehen.

Noch wochenlang war das Platzdreieck mit riesigen Tintenflecken gefärbt, von den Glassplittern ganz zu schweigen, mit denen wir uns einen Bärendienst erwiesen. Fußballspielen auf diesem Platz war für einige Zeit nicht möglich, zur großen Freude der beiden alten Damen, deren Wohnzimmerwand uns sonst als Torwand diente!

Eine weitere »Kloppe« ist gewissermaßen als »Schlacht auf der Reeperbahn« in unserer Erinnerung geblieben, sogar eine Zeitung soll davon berichtet haben:

An den Holstenwallschulen waren sowohl Kinder von St. Pauli, als auch aus der Neustadt eingeschult. Ausgelöst von einer Schulhofrauferei, die aus einem »Reiterkampf« und einem »römischen Wagenrennen« entstand, erging eine Kriegserklärung von der Großneumarktbande und uns als Verbündeten an St. Paulis Seilerstraße, Talstraße und Hein-Hoyer-Straße. Das sprach sich blitzschnell in den Klassen herum, und sogar einige Lehrer hielten mit Ermahnungen während des Unterrichts nicht zurück.

Doch vorher noch einiges zu den erwähnten Reiterkämpfen und römischen Wagenrennen. Beide waren als Pausenspiele auf dem Schulhof und auch als Sportart beim Turnunterricht beliebt.

Zum Reiterkampf waren zwei Jungen erforderlich, der eine als Pferd, der andere huckepack als Reiter. So rangelte und rempelte man gruppenweise, und wer zuletzt als Pferd und Reiter noch stand, war Sieger.

Das Wagenrennen wurde über eine gewisse Distanz ausgetragen. Zwei Jungen nahmen sich an der Hand, ein dritter packte von hinten ihre linke und rechte Hand und beugte gewissermaßen als Wagen den Rücken. Darauf saß der Lenker, und mit so einem »Gespann« wurde dann das Rennen ausgetragen.

Die Kloppe-Schlacht sollte sich auf den Wiesen am Bismarck-Denkmal abspielen, die ziemlich in der Mitte zwischen den beiden Wohngegenden lagen. Die Anlagen am Bismarck hatten keinen guten Ruf in der Bevölkerung, weil dort in der U-förmigen Umfassungsmauer ein Bombenloch als Einschlupf in die dahinter liegenden Hohlräume für eine nicht kleine Anzahl von jungen Männern und Frauen diente. Diese lebten von undurchsichtigen Geschäften, und verbrecherisches Gelichter befand sich auch darunter, kurz, sie wurden im negativen Sinne allgemein als »Bismarckbande« bezeichnet.

Am Großneumarkt war unser Treffpunkt. Viele fremde Jungen kamen dazu, und so »ritten« etwa sechzig johlende Bengel Richtung Bismarck-Denkmal. Drei Jungen mit den noch seltenen Fahrrädern wurden als Kundschafter vorgeschickt und berichteten von einer großen Bande, die sich am Hafenkrankenhaus sammele.

Nach den ersten geworfenen Steinen trafen die Gruppen aufeinander, und mit wildem Kriegsgeschrei wie »Groß-neumarkt« und »Sei-ler-stra-ße« begann ein wüstes Gerangel und ein Fechten mit Stöcken und Latten. Dazwischen betätigten sich einige junge Männer der Bismarckbande als Schlichter, wenn es im Kampf zu verbissen wurde. Einer von ihnen jagte einem Jungen, der mit seinem Fahrrad an einem Haufen rangelnder Kämpfer vorbeifuhr und jemandem mit einer Latte auf den Kopf schlug, einen Stock in das Vorderrad, so daß dieses blockierte und er in hohem Bogen über den Lenker ins Gras flog und den Hang hinunterpurzelte.

Plötzlich begann eine wilde Flucht der anzahlmäßig unterlegenen Sanktpaulianer. Mit wildem Kriegsgeschrei von uns verfolgt, stellten sie sich auf der Höhe des heutigen Operetten-Hauses erneut zum Kampf. Hier waren noch massenhaft

Trümmersteine zu finden, und eine erbitterte Steinschlacht begann.

Von unserer Überzahl auf die andere Straßenseite der Reeperbahn beim Café Keese zurückgedängt, hagelte es in dichter Menge Steine, von hüben nach drüben, hin und her, Autos konnten nicht weiterfahren, Straßenbahnen blieben wild klingelnd stehen, von beiden Richtungen war keine Durchfahrt mehr möglich.

Von der Davidswache her war das »dühdel-dühdel« eines Peterwagens zu hören, und mehrere Polizisten kamen zu Fuß herangehastet.

Meine letzte unrühmliche Erinnerung an diese Schlacht ist, daß ich beim Café Keese um die Ecke schielte, um zu sehen, was aus unseren Gegnern wurde, die die Seilerstraße entlang flüchteten. Plötzlich klatschte es, und ein gemeiner, brennender Schmerz durchfuhr mein Hinterteil. Entgeistert aufschreiend drehte ich mich um und blickte in das wutverzerrte Gesicht eines Keese-Kellners, der mir mit einem breiten Ledergurt einen übergezogen hatte und gerade erneut ausholte.

Wäre noch zu erwähnen, daß er dazu nicht mehr kam, ich vielmehr wie von Furien gehetzt Richtung Neustadt wetzte und erst am Michel in eine langsame Gangart verfiel.

Das Dreieck Anberg – Rehhoff – Pasmannstraße war jahrelang unser Treffpunkt. Entweder tobten wir herum oder klönten auf der langen Betonmauer. Meistens spielten wir aber Fußball. Wir begannen mit Konservendosen oder zusammengenähten Stoffballen, später waren es Tennisbälle, Babybälle und endlich richtige Fußbälle. Die Babybälle waren pampelmusengroße fleischfarbene Gummibälle mit aufgeprägtem Babygesicht, die aus irgendeiner Schiffsladung in großer Anzahl ihren Weg an Land gefunden hatten.

Während ich nie ein großer Fußballer, sondern lieber Torwart war, spielte Muschi durchaus respektablen Fußball. Noch heute ist an der Ecke Rehhoff- und Pasmannstraße das von uns mit Teerfarbe aufgemalte Tor mit dem Namen ALM gut zu erkennen. Unser Idol war nämlich der St.-Pauli-Torwart Ludn (Ludwig) Alm, der Toni Schumacher unserer Zeit. Gegen diese Wand klatschten unsere Bälle, und immer wieder gab es Ärger mit den beiden alten Damen, deren Wohnzimmer sich hinter dieser Wand befand.

Die Fußballbegeisterung wurde auch von den Schulen gefördert. Hier gab es echte Fußbälle, von den Lehrern gehütet wie Augäpfel. Damit zogen wir klassenweise hinüber zum Grandplatz auf dem Heiligengeistfeld, der sich im Schatten des großen Flakbunkers an der Feldstraße befand.

In der Zeit nach der Währungsreform bekam der eine oder andere einen echten Fußball geschenkt, so daß sich Straßenmannschaften bildeten. Die Herausforderungsspiele fanden meistens auf dem Hopfenmarkt unter der Turmruine der St. Nikolaikirche statt. Das war ein großer Platz, der noch gut gepflastert war und wo man sich richtig austoben konnte.

Aus der Enge in die Enge

Im Frühjahr 1947 war es endlich soweit. Unsere Eltern erhielten über das Wohnungsamt Wohnraum zugewiesen. Das war bitter nötig, denn die qualvolle Enge in der Wincklerstraße hatte zu Aggressionen und Streit geführt. Wir Kinder waren ja auch nicht die stillsten, und unsere Mutter und die Großeltern hatten sich schon vorher nicht verstanden. Eine Schwiegertochter, die für unseren Vater ihren Verlobten sitzengelassen hatte, war ihnen nicht recht gewesen. Und daß ich mich als Ergebnis einer Maien-Fahrradtour in den Sachsenwald vor der Hochzeit ankündigte, auch nicht.

Unseren Eltern erging es 1947 wie hunderttausend anderen Hamburgern. Obligatorisch war der wöchentliche Besuch auf dem Wohnungsamt nach dem Motto: Geh den Leuten kräftig auf den Wecker! Nach monatelangem Abwinken kehrte Mutti eines Tages strahlend heim, einen Zettel in der Luft hin- und herschwenkend. Es war die Zuweisung für ein Zimmer mit Bad- und Küchenbenutzung in der Sillemstraße. Was machte es schon aus, nach Eimsbüttel zu ziehen, wenn wir nur endlich aus dieser Enge befreit wären.

Frohgestimmt fuhren wir mit der Hochbahn nach Eimsbüttel zur Wohnungsbesichtigung, und daß wir vier Gören dabei sein mußten, war selbstverständlich. Auf dem Bahnhof Schlump hieß es umsteigen in den Zug nach Eimsbüttel, und unser unermüdlicher Sucher und Sammler Moppel vertrieb sich die Wartezeit, indem er einen Luftballon aufpustete. Mutti und Vati erstarrten erst zur Salzsäule und wurden dann schamrot, denn die Leute ringsum grinsten anzüglich. Vater langte Moppel kräftig eins hinter die Ohren, dem vor Schreck sein Luftballon entwischte, der schnarrend seine Luft verlor. »Mein Luftballon, mein Luftballon!« brüllte Moppel und machte noch mehr Leute aufmerksam. Muschi und ich verstanden die Aufregung überhaupt nicht, woher sollten wir auch wissen, was ein Präservativ war, das nunmehr einsam und verlassen auf den Gleisen lag?

Auch in Eimsbüttel stand Ruine an Ruine. Als wir in der Sillemstraße 40 anrückten, schlug die Frau nach dem Öffnen der Wohnungstür zunächst die Hände über dem Kopf zusammen, bat uns dann aber herzlich herein. Oma Anders, wie wir sie bald nannten, zeigte uns das Zimmer, und unsere Gesichter wurden lang und länger. In diesem Zwanzig-Quadratmeter-Zimmer sollten sechs Personen wohnen? Aber es mußte gehen, besser hier eng als in der Wincklerstraße noch enger.

Und so kam es, daß ich bei Oma am Herrengraben wohnen sollte, worüber ich sehr froh war. Oma hatte Platz, weil ihr Bruder Albert mit seiner späteren Frau Ella als ehemaliger KZ-Häftling eine Zweizimmer-Wohnung nebenan zugewiesen bekommen hatte. Das Kohlenhändlerpaar hatte nun ein Zimmer, ihr Arbeiter, Herr Heise, wohnte inzwischen im Ledigenheim Rehhoffstraße. Oma hatte nun zwei Zimmer, weil sie einen Raum als Schneider-Werkstatt ausweisen konnte.

Unsere Eltern hatten nun vorerst genug mit der Einrichtung der neuen Bleibe und dem dürftigen Umzug zu tun. Der war bei den paar Koffern schnell mit der Hochbahn gemacht. Es hieß, das Zimmer mit den bescheidenen Möbeln, die aus einem ehemaligen Bücherschrank, zwei Betten, einem Sofa, vier Stühlen und einem Eßzimmertisch bestanden, so einzurichten, daß Vater, Mutter, zwei Kinder und ein Kleinkind darin wohnen konnten.

Die Möbel waren größtenteils von Oma Anders zur Verfügung gestellt worden. Es wäre ihr auch nichts anderes übrig geblieben, denn das Zimmer war vom Wohnungsamt beschlagnahmt worden, wozu auch ein Teil der Möbel, Töpfe, Geschirr und Bestecke gehörten, denn unsere Eltern als Ausgebombte und Ausgewiesene besaßen buchstäblich nichts.

Der Bücherschrank wurde quer in die Zimmermitte gerückt und teilte den Raum in zwei kleinere. Ein Vorhang bot notdürftig Licht- und Schalldämmung, damit die Geschwister schlafen konnten, deren Bett im vorderen Teil des Raumes am Fenster mit dem schmalen Balkon stand. Im zweiten Bett schliefen abwechselnd Vater und Mutter, denn auf dem Sofa konnten die beiden großen Menschen nicht schlafen. Hinzu kam noch, daß Hannelore, mittlerweile fast zwei Jahre alt, in diesem Bett mitschlafen mußte, denn Platz für ein Kinderbett war einfach nicht vorhanden.

Der Wohnbereich von ca. neun Quadratmetern, vollgestellt mit dem Sofa und den anderen Möbeln, enthielt auch noch den gußeisernen Stehofen, der wohlig heizte – wenn Heizbares vorhanden war. An einer Wand vor dem Vorhang des Schlafbereichs hatte Vater einen winzigen Klapptisch angebracht, auf dem er nun begann, Radios zu bauen und zu reparieren. Werkzeug und Material wie Röhren und Kondensatoren hatte er aus der Internierung in ansehnlicher Menge mitgebracht. Radios waren in jener Zeit heiß begehrt. Holz und Beschläge für den Klapptisch organisierte er mit der ersten Reparatur eines Radios für einen Tischler. So wusch damals eine Hand die andere.

Vater hatte eine Arbeitsstelle als Lagerarbeiter bei den Engländern gefunden, wobei ihm seine fast perfekten Englischkenntnisse halfen. Und so fuhr er jeden Tag mit der Hochbahn nach Wandsbek, wo er bei der NAAFI (Material- und Verpflegungslager der englischen Besatzung) arbeitete. Der schmale Reichsmarklohn reichte aber kaum für die Beschaffung von Zusatznahrung auf dem Schwarzmarkt, und so war seine Radiobastelei ein willkommenes Zubrot, das weit mehr Geld als seine reguläre Stellung einbrachte.

Andererseits warf seine Stellung hochwillkommene Sozialleistungen ab wie Palmolive-Seife, Cadbury-Schokolade und Tee, die Vater in kleinen bescheidenen Mengen aus dem Lager schmuggelte. Es standen strenge Haftstrafen auf solche Diebstähle, doch was brachte nicht der furchtsamste Mann in dieser Zeit fertig, um daheim die ewig hungrigen Mäuler zu stopfen?

Der Kohlenklau geht um

Ein neuer, eiskalter Winter ließ die Hamburger erstarren. Strom- und Gassperren machten das Leben noch schwerer, denn die Kohlen von der Ruhr, die in spärlichen Mengen mit den Zügen nach Hamburg kamen, reichten nicht für die Energieversorgung, zumal sie meistens um große Mengen Kohle erleichtert waren. Die verzweifelten Menschen sprangen an allen günstigen Stellen auf die Züge, d. h. überall, wo sie sehr langsam fahren mußten. Gestohlen wurde, so viel man tragen konnte. Säcke, Taschen, Blockwagen, Kinderkarren und Kinderwagen dienten als Transportmittel.

Immer mußte man gewärtig sein, von einer englischen

Auch am hellichten Tag war kein Kohlenzug vor aufspringenden Kindern sicher. Rechts eine alte S-Bahn, die streckenweise mit Oberleitung betrieben wurde.

Patrouille festgenommen zu werden. Dennoch war abends die beste Zeit, am Tage war die Gefahr, von deutschen Polizisten gestellt zu werden, erheblich größer. Gefürchtet war die englische Militärpolizei (MP), die am Tage oder in der Dämmerung blitzschnell mit Jeeps von allen Seiten heranraste, die verschreckten Menschen mitsamt ihrer Beute auf Laster verlud und manchmal nach strengem Verhör ein bis zwei Tage in der Zelle festhielt. Frauen, die nachweisen konnten, daß daheim kleine Kinder warteten, kamen meist glimpflicher davon, aber nicht immer. Auch unsere Mutter mußte einmal eine Nacht in der Zelle verbringen.

Die deutschen Polizisten, nur mit Schlagstöcken bewaffnet, waren genauso arm dran wie die Menschen, die sie festnehmen sollten. Waren sie allein oder zu zweit, blickten sie oft genug in die falsche Richtung, oder liefen langsamer als die flüchtenden »Kohlenklaus«.

Unsere Mutter organisierte die Kohlen meistens alleine oder zusammen mit Nachbarn. Wenn ich zu Besuch war, bettelte ich immer wieder darum, mich mitzunehmen. An einem Abend hatte ich endlich mein Ziel erreicht. Ich durfte mitgehen und sollte neben dem Zug herlaufen, um den von ihr abgeworfenen Kohlensack am Gleis zu bewachen. Daß Kinder bei diesen Aktionen dabei waren, war keine Seltenheit. Oft waren sie die geschickteren Kletterer und Springer. Jedenfalls wischte Mutter alle Bedenken zur Seite und erlaubte ihrem zehnjährigen Großen mitzukommen. Skeptischer schaute sie unseren Vater an, der sich erstmals entschlossen hatte, dabei zu sein.

Wir drei wanderten, ausgerüstet mit je einem Sack, durch die stockdunklen Straßen zum Verschiebebahnhof Langenfelde. Bei jedem noch so leisen Geräusch blieb Mutter stehen, und jedesmal fragte unser Vater: »Was ist los, Annemie?« Ich glaube heute, er hatte fast mehr Schiß als ich, der es für ein spannendes Abenteuer hielt. Auf dem Verschiebebahnhof galt es, von dem langsam einfahrenden Zug zu klauen, denn stand er erst einmal auf dem Abstellgleis, wurde er zu scharf bewacht.

Ich war vergattert worden, nur den ersten abgeworfenen Sack zu bewachen. Mutter wetzte neben dem Zug her, sprang auf ein Trittbrett unterhalb des Bremserhauses und kletterte geschickt über die Bordwand auf die Kohlen. Alle Ermahnungen waren vergessen. Ich kopierte ihre Technik und sprang am anderen Ende des Waggons auf. Blitzschnell überwand ich die Stirnwand des rollenden Wagens, lief über die Steinkohle auf meine Mutter zu und rief: »Gib den anderen Sack her!« Wortlos warf sie ihn mir zu und arbeitete verbissen weiter.

Mit einem Knie auf der Kohle, den rechten Fuß auf die Sacköffnung gestellt, rakte sie in rasender Geschwindigkeit mit dem rechten Unterarm die Kohle in den Sack. Ich ahmte das nach und rakte in meinen Sack hinein, was ich meinte, tragen zu können.

Inzwischen hatte es auch unser Vater geschafft, den Waggon zu erklimmen. Bedächtig kletterte er über die Bordwand, balancierte vorsichtig über die Kohlen, kniete sich auf sie, breitete den Sack aus, hob die Oberseite des Sacks in der Mitte an, klemmte senkrecht einen Stock in die Öffnung und begann, die Kohlen sorgsam Stück für Stück hineinzuwerfen. Mutter schaute ihm entgeistert zu und sagte wütend: »Spring bloß wieder runter, sonst kriegen sie dich noch am Arsch!«

Er gehorchte sofort, nahm aber wenigstens noch den Sack mit den dürftigen Kohlestückchen mit. Auch ich war fertig und warf meinen Sack ab. Im schrägen Winkel sprang ich von dem kleinen Tritt ab und überschlug mich prompt, weil ich nicht wußte, daß man in Fahrtrichtung abspringen muß. Bis auf meine aufgeschürften Knie ging es aber glimpflich ab. Das warme Zimmer war wieder für einige Tage gesichert.

In späteren Jahren, wenn wir über dieses Abenteuer sprachen, war Vaters Kommentar stets: »Dafür konnte ich besser Radios bauen!«

Weihnachtsbescherung bei den Engländern

Weihnachten 1947 nahte heran. Dank der Geschicklichkeit von Mutter bei der Brennstoffbeschaffung brauchten wir kaum zu frieren. Einige Tage vor Heiligabend kam unser Vater mit einer Einladung seines englischen Arbeitgebers heim. Kinder der deutschen Arbeitnehmer waren zu einer Weihnachtsfeier bei der NAAFI in Wandsbek eingeladen.

So fuhren wir denn geschniegelt und gebügelt mit der Bahn nach Wandsbek und erreichten nach einem langen Fußmarsch die Lagerhäuser der NAAFI. Die Engländer hatten einen Teil einer Lagerhalle zugehängt, und lange Tische standen für uns bereit. Überall war Tannengrün dekoriert und ein riesengroßer, geschmückter und beleuchteter Weihnachtsbaum erstrahlte vor uns. Es müssen mehr als hundert Kinder gewesen sein, die sich andächtig und leise auf die Stühle setzten.

Mit großen Augen betrachteten wir unsere bunten Teller, auf denen eine Apfelsine, eine Banane, Bonbons und Kekse lagen. Selig tranken viele Kinder zum erstenmal warmen Kakao, der in große Becher eingeschenkt wurde. Moppel ergriff seine Banane, biß hinein und legte sie angeekelt auf den Teller zurück. Ich hatte als einziger in Erinnerung und wußte auch aus Muttis Erzählungen, daß man erst die Schale entfernen muß, und so schälte ich mit überlegener Miene den beiden ihre Bananen. Nachdem sie erst vorsichtig hineingebissen hatten, strahlten sie begeistert, und auch unsere zweieinhalb Jahre alte Schwester mampfte auf Mutters Schoß zufrieden ihre Banane.

Der Raum wurde dann verdunkelt und Weihnachtslieder erklangen, die wir erst zaghaft, dann fröhlicher mitsangen. Ein Tor öffnete sich, und der Weihnachtsmann kam hereingestampft. Ihm folgten mehrere Rollwagen, bepackt mit Säcken. Immer neue Herrlichkeiten zog der Weihnachtsmann aus den Säcken, las den Namen eines Kindes vor und überreichte diesem sein Päckchen. Strahlend und mit klopfendem Herzen nahm auch ich mein Geschenk entgegen, ein quittegelb bemaltes, großes Holzauto, an den Seiten mit schwarzem Posthorn und dem Schriftzug »Deutsche Post«. Muschi bekam eine hübsche Puppe, und auch Moppel und Hannelore waren über ihre Geschenke beglückt.

Der Heiligabend daheim fiel sehr viel bescheidener aus. Ein Apfel, zwei Apfelsinen, die durch vier geteilt werden mußten und von den Engländern stammten, und einige Kekse zierten den bescheidenen bunten Teller. Aber einen schön geschmückten Tannenbaum hatten wir auch, mal wieder organisiert von Mutti. Und zum erstenmal im Leben durfte ich einen selbstgemachten Eierlikör probieren, dessen Zutaten unser Paps beschafft hatte.

Von Oma gab es selbstgestrickte Pullover mit Waffelmuster, hochgeschlossen und links auf der Schulter geknöpft. Das Strickmaterial stammte von aufgeribbelten, weißen Zuckersäcken.

Kasperles Mondabenteuer und der Familienmarsch

Langsam spielte sich das Zusammenleben der Familie wieder ein, denn ich war sehr häufig in der Sillemstraße. Frau Anders war meinen Geschwistern vorerst eine liebe Ersatzoma geworden.

Die wenigen stehengebliebenen Häuser der Sillemstraße waren von riesigen Trümmerflächen umgeben. Auf der notdürftig freigeräumten Straße standen die Nissenhütten in langer Reihe hintereinander, links und rechts von Ruinenresten und Trümmerbergen eingesäumt. Hier wuchs massenhaft wie überall in Hamburg die von uns so genannte Trümmerblume, ein hübsches, ca. einen Meter hohes Unkraut mit hellroten Blüten. Dieses ansehnliche Unkraut habe ich nur auf den Ruinenfeldern so massenhaft gesehen, später tauchte es nur noch vereinzelt am Rande von Müllhalden und in Straßengräben auf.

In den Nissenhütten wohnten Familien mit vielen Kindern, und so hatten wir keinen Mangel an Spielgefährten. Zwischen einem großen Bunker und der Apostelkirche lag ein Feuerlöschbecken, dessen grünliches Wasser von Wasserkäfern und Mückenlarven wimmelte. Solche Feuerlöschbecken waren in großer Anzahl in Hamburg vorhanden und dienten Luftschutz und Feuerwehr als Wasserreserve. Rund um Bunker und Wasserbecken tobten wir am liebsten.

In der Hausruine des »Café Keese« an der Emilienstraße

hatte sich eine Kasperbühne etabliert, die liebevoll gestaltete Stücke aufführte. Vergleichbares Kaspertheater habe ich später nur von der »Augsburger Puppenkiste« im Fernsehen gesehen. Der Eintritt kostete pro Kind eine Reichsmark, und so kamen wir in hellen Scharen. Besonders gut besucht war die Puppenbühne sonntags. Wie unsere Eltern später schmunzelnd erzählten, war das die einzige Gelegenheit für sie, ihre Ehe zu pflegen.

Besonders ein Stück war bei uns beliebt: Kasper landet mit einer Rakete auf dem Mond und hat dort einige Kämpfe mit dem Mondgeist zu bestehen. Diesem Stück verdanken wir unseren »Familienmarsch«. Der eigentlich sinnlose Refrain des Kasperliedes wurde von unserem Paps noch um drei Zeilen ergänzt, und so passierte es nicht selten, daß wir mit unseren Eltern im Gänsemarsch durch die Wohnung wanderten und schmetterten:

> Malähede, malähede,
> adepuhdahäde,
> malähede, malähede,
> adepuhdahäde.
> Taradapufda, taradapufda,
> schnätterengteng, schnätterengteng,
> schnätterengtengtengtengteng.

Endlich wieder am Hafen

Natürlich wollten meine Eltern so schnell wie möglich von Eimsbüttel wieder hinunter zum Hafen, in die Gegend, wo sie aufgewachsen und sich kennen- und liebengelernt hatten. An eine eigene Wohnung war bei der Wohnungsmisere nicht zu denken, und so wurde mit Oma abgesprochen, zu ihr zu ziehen. Das war nicht so einfach, da ja das Ehepaar Brandt ein Zimmer bewohnte.

Nach einigem Hin und Her wurde mit Brandts verabredet, daß Oma auf Eigenbedarf im Rahmen der Familienzusammenführung klagen sollte. Damit konnte das Ehepaar Dringlichkeitsbedarf beim Wohnungsamt anmelden, zumal die beiden alten Leute kurz vor dem Ruhestand waren. Im Mai 1948 war es soweit. Brandts wurde eine kleine Wohnung in der Seewartenstraße zugewiesen.

Sosehr ich mich einerseits freute, betrachtete ich andererseits den Einzug meiner Eltern und Geschwister mit gemischten Gefühlen. Vorbei würde es sein mit Omas Fürsorglichkeit, die mir gegenüber meinen Geschwistern erhebliche Vorteile gebracht hatte. Zum Beispiel durfte ich nach meiner Mandeloperation tagelang im Bett bleiben und wurde mit geriebenen Äpfeln und Kühleis verwöhnt. Vorbei! Zum Beispiel konnte ich mir durch Omas Großzügigkeit im Laufe der Zeit eine ganze Armee von Bleisoldaten und -indianern zusammenkaufen. Vorbei!

Ein letztes Beispiel: Wegen Schwellung meiner Hylusdrüsen, einer Vorstufe zu Tbc, erhielt ich eine Krankenkarte. Solange die Extrazuteilung reichte, durfte ich morgens Haferbrei mit einem Klacks Butter in der Mitte genießen. Auch bei Muschi hatte man bei einer Röntgen-Reihenuntersuchung die Schwellung der Hylusdrüsen festgestellt, und auch sie erhielt die Krankenzulage. Trotzdem hatte sie es längst nicht so gut wie ich, denn Moppel und Hannelore waren auch noch da. Nun stand mir also das Teilen wieder bevor!

Raum ist in der kleinsten Hütte...

...pflegte unser Paps zu sagen. Ein wahres Wort, wenn man an das Eimsbütteler Zimmer für fünf Personen zurückdachte. Bei Oma mußten wir zwar auch zusammenrücken, brauchten aber keine Rücksicht mehr auf fremde Menschen zu nehmen. Wir hatten endlich jeder eine eigene Schlafstatt, eine gemütliche Wohnküche, ein Schlaf- und ein Wohnzimmer. Dazu kamen die beiden nicht beheizbaren Räume, Toilette und eine vier Quadratmeter große Kammer daneben, die ursprünglich für ein Bad vorgesehen war. Da die Wohnung zu Beginn des ersten Weltkrieges 1914 fertig wurde, hatte man es aus Materialmangel nie eingebaut.

Die Kammer wurde mit Matratzen ausgelegt und diente Moppel, Muschi und mir als Schlafraum. Die Scheiben des schmalen Kammerfensters waren mit buntem Papier beklebt, so daß man an ein Kirchenfenster denken mußte. Im Sommer war der Raum angenehm kühl, im Winter aber eisig kalt.

In der Wohnküche stand Omas alter Küchenschrank. Auch an ihm waren die Bombennächte nicht spurlos vorübergegangen, aber die mit Soda, Zucker, Mehl, Salz und Grieß beschrifteten Porzellanschübe waren alle heil geblieben. Vor einem Liegesofa, dessen durchgesessene Mitte immer mit Kissen ausgestopft und mit einer Wolldecke getarnt werden mußte, stand der obligatorische Küchentisch mit der ausziehbaren Abwäsche. Drei Küchenstühle gehörten zum Tisch und ließen genügend Raum vor dem Handstein. Den großen Küchenherd flankierte ein vierflammiger Gasherd mit Backofen.

In der rechten Fensterecke war ein kleines Dreiecksbord, auf dem ein Volksempfänger stand, während der Nazizeit heimlich »Goebbelschreier« genannt. Den blechernen Klang dieses Gerätes konnte Vater nicht ausstehen, und er wechselte ihn sofort gegen ein selbstgebasteltes Radio aus. An diesem Gerät konnten wir viele Sender einstellen. Meistens hörten wir aber BFN (British Forces Network), den englischen Soldatensender, für mich eine zusätzliche Hilfe zum Englischunterricht.

Das hohe Küchenfenster wurde außen von einem herunterklappbaren Wäscherahmen eingefaßt. Weiter stand in der Küche noch eine niedrige Holzkommode, die u. a. Schuhputzzeug enthielt. Auf dem Küchenschrank stand mein Vogelbauer, in dem ich einen Erlenzeisig hielt. Diese Wohnküche war der Mittelpunkt unseres Zusammenlebens, hier wurde gegessen, geklönt, gespielt, auf dem Sofa ein Nickerchen gemacht und im Winter geheizt.

Vaters Basteltisch hatte den Umzug mitgemacht und war im Wohnzimmer angebracht. Hier saß er nun, den heißen Lötkolben, Lötzinn und Lötwasser neben sich, das er aus Harz und Spiritus bereitete. Röhren, Elkos und Widerstände wurden durchgemessen und dem Radio neues Leben eingehaucht. Ersatzteile konnte er Ecke Baumwall/Schaarsteinwegbrücke in einem gutsortierten Zubehörladen kaufen, wo er stundenlang fachsimpeln und stöbern konnte.

Im Winter verbreitete der Küchenherd wohlige Wärme, gefüttert mit Briketts, die wir Kinder nach der zentnerweisen Lieferung im Keller aufschichten mußten. Um mit dem Vorrat länger auszukommen, mußten Muschi oder ich an manchen Tagen zu den Kohlenhändlern Brandt oder Nehls gehen, um einen Eimer Koks oder den viel billigeren Kohlengrus in einer Schütte zu holen. Der Kohlengrus wurde angefeuchtet, damit er nicht so staubte. Das schaufelweise Einfüllen in den Ofen war aber trotzdem eine umständliche, funkenstiebende Sache.

Hatten unsere Eltern, die sonst zärtlich oder liebevoll-ruppig miteinander umgingen, mal Krach, ging es immer um das Wirtschaftsgeld, mit dem Mutti nie so recht auskam. Andererseits hatte sie es auch nicht leicht, denn mit anfangs 30,- DM pro Woche sieben Mäuler zu stopfen, war nicht einfach, auch wenn beispielsweise ein Hamburger Rundstück nur 4 Pfennig oder ein Camembert 30 Pfennig kosteten. Daher ist es nicht verwunderlich, daß Oma von ihrer Rente oder ihrem Schneiderverdienst immer wieder dazuschusterte.

Am ungemütlichsten war es daheim, wenn wieder einmal Waschtag war. Die Küche verwandelte sich in ein Schlachtfeld mit Wäschebergen und Waschmitteln von Henko, Sil und anderen. Auf dem Hocker stand die große Zinkwanne mit der Waschruffel. Kernseife lag bereit, und auf dem Herd brodelte der große Einmachtopf, der viel häufiger als Kochkessel zweckentfremdet wurde. Auf dem Gasherd wurden zwei weitere Töpfe mit Wasser erwärmt.

Auf dem Küchentisch türmten sich die ausgewrungenen Wäschestücke und warteten auf den Spülgang in der Wanne, an der vorerst Mutti noch ruffelte. War alles gekocht, gewaschen und gewrungen, ging es an die Spülerei. Das Schmutzwasser verschwand gurgelnd im Handstein. Dabei und beim Einfüllen des Spülwassers mußten wir Kinder zur Hand gehen, denn die halbvoll gelaufene Wanne galt es nun wieder auf den Hocker zu heben. Und wieder türmte sich Wäschestück um Wäschestück auf dem Küchentisch. Unter der Küchendecke waren Wäscheleinen gespannt, auf die nun die Wäsche gehängt wurde. Große Teile wie Bettlaken und -bezüge trockneten vor dem Küchenfenster auf dem Wäscherahmen, vorausgesetzt es regnete nicht.

Diese Knochenarbeit ging an Mutter nicht spurlos vorüber, und ihre Krampfadern wurden immer dicker. Mehr als einmal passierte es, daß sie seelenruhig bügelte und dabei in einer Blutlache stand, weil eine Krampfader geplatzt war, was sie nicht gemerkt hatte.

Ab 1951 wurde es dann erträglicher für sie, weil die Wäsche zur Wäscherei Testorp ging. Manches Mal stöhnte der Wäschefahrer auf, wenn Mutti es wieder mal verstanden hatte, den Papiersack so fest zu stopfen, daß er steinhart und entsprechend schwer war.

Klapperlatschen und explosive Pullover

Außer den Dingen des täglichen Lebens war für jedermann das Problem mit der Bekleidung und der Körperpflege zu lösen. Alles und jedes war »bewirtschaftet«, vom Kochtopf bis zur Kleidung oder Bettzeug mußte alles beim Wirtschaftsamt beantragt werden. Erhielt man endlich den heißbegehrten Bezugsschein, bedeutete dies noch längst nicht, daß die Ware im Geschäft zu bekommen war. Meistens hieß es stereotyp: »Ham wir nich.« So entstand aus der Not heraus eine phantasievolle Bastelwirtschaft. Aus unbrauchbar gewordenen Gegenständen entstanden dringend benötigte Gegenstände wie beispielsweise Gummisandalen oder Schuhsohlen aus Autoreifen oder Kochtöpfe aus Stahlhelmen.

Unsere Klapperlatschen bestanden aus Holz und Lederresten, die bei Leder-Scheibe am Herrengraben in allen Größen verkauft wurden. Teurere Modelle hatten sogar eine Sohle aus Reifengummi. Wenn die Besorgung eines festen Paars Schuhe unumgänglich war, konnte man im Kleiderlager des DRK mit etwas Glück etwas Passendes finden. Die Kleiderspenden stammten aus Schweden, der Schweiz und den USA.

Uns Kindern bereiteten diese Probleme kaum Sorgen, wir liefen in der wärmeren Jahreszeit barfuß. Wenn wir aber Schuhe oder Latschen tragen mußten, kam die obligatorische Mahnung: »Paßt auf die Schuhe auf! Spielt nicht wieder Fußball!« Leicht gesagt und schwer getan. Auf der Straße war alles vergessen, und so wurde der Stoff- oder Gummiball ohne Rücksicht auf das ohnehin nicht stabile Schuhwerk gekickt.

Sorgenvoll verzog Omi das Gesicht und schimpfte mich aus, wenn wieder einmal die durchgescheuerten Schuhspitzen oder das seitlich aufgerissene Leder nicht mehr zu verbergen waren. »Bring die Schuhe zum Schuster«, hieß es dann, und so stellte ich dem Schuhmacher im Herrengraben mit reuiger Miene die Schuhe auf den Tresen. Wenn ich sie wieder abholte, konnte ich mich in Ruhe in der kleinen Laden-Werk-

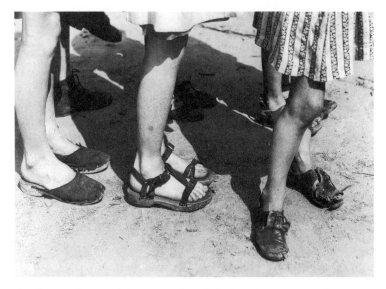

In diesen schweren Jahren war das »Schuhwerk« geradezu abenteuerlich. In der Bildmitte die besagten »Klapperlatschen«.

statt umschauen, bewunderte die langen Regale mit den vielen reparierten Schuhen und sog tief den typischen Geruch von Gummilösung, Leder und Gummi ein.

Unsere Unterwäsche bestand häufig aus selbstgenähten Stücken, die sorgfältig instandgehalten wurden. Löcher in den Strümpfen stopfte man kunstvoll über einem Stopfpilz, eine Fertigkeit, die mir Oma auch beibrachte. Zu den kurzen Hosen trugen wir im Sommer Kniestrümpfe. Die langen Strümpfe für die kalte Jahreszeit wurden auch bei uns Jungen durch einen Hüfthalter mit Gummistrapsen gehalten.

Alles was aus Stoff bestand, wurde unter dem Aspekt der Verwertbarkeit betrachtet. Alte Wehrmachtsuniformen wurden umgefärbt, geändert oder aufgetrennt und neu zugeschnitten. Wolldecken waren beliebtes Material für Jacken oder Mäntel, und so manche alte Übergardine lief in Hamburg als Bluse oder Kleid herum. Verschlissene Pullover wurden aufgeribbelt, die Wolle neu verstrickt, Reste sorgfältig als Stopfwolle aufgehoben. Weiße Baumwoll-Zuckersäcke ergaben ebenfalls Strickwolle und sorgten einige Tage für Aufregung unter der Hamburger Bevölkerung.

Findige, aber ahnungslose Zeitgenossen hatten Pullover aus Schießbaumwolle gestrickt. Ein Funke reichte, um eine Stichflamme zu erzeugen, diese Pullover verpuffen zu lassen und schwerste Verbrennungen zur Folge zu haben. Die Schießbaumwolle war mit Sprengstoff getränkt und diente als Füllung für schwere Granaten-Kartuschen. Bei schweren Geschützen wurde erst die Granate in das Rohr geschoben, dahinter die Kartusche, die den Abschuß ermöglichte.

Unsere erschrockenen Eltern prüften die weißen Pullover, die Moppel und ich zu Weihnachten von Oma bekommen hatten. Vater warf im Freien ein brennendes Streichholz auf einen der Pullover – aber es war wirklich nur Zuckersackwolle!

Not macht erfinderisch

»Ersatz« wurde in jenen Tagen großgeschrieben: Papp- statt Ledersohlen, Kunstpfeffer und -honig, Fischpaste, Molke, Schmalzersatz. Aus Kartoffeln wurde Kuchen gebacken, ja, sogar Schlagsahne gemacht, und wenn es ganz schlimm kam, wurden mit Ersatzkaffee Bratkartoffeln gemacht. Das schmeckte zwar nicht, aber der Hunger trieb es rein.

Immer öfter gab es das klebrige Maisbrot. Der Grund dafür war, daß ein Übersetzer bei den Verhandlungen über amerikanische Hilfslieferungen irrtümlich das Wort Weizen mit corn, dem englischen Wort für Mais, übersetzt hatte. Als Aufstrich gab es Schmalzersatz, der aus gerösteten Zwiebeln, feinem Grieß, eventuell etwas Margarine und Wasser gekocht wurde. Mit Salz bestreut hatte man wenigstens die Illusion von Schmalz.

Immer besser funktionierte der Schwarzmarkt, und für viele Besitzlose war die Raucherkarte manchmal der letzte Notanker, der den bescheidenen Tisch decken konnte. Man sprach nicht umsonst von Zigarettenwährung. Der Schwarzmarkt funktionierte auch in den Wohnungen. Zum Beispiel kauften wir mehrmals Pferdefleisch und -knochen in einem uralten Fachwerkhaus am Eichholz, einem Rest des alten Gängeviertels. Im zweiten Stock wurde gehackt und geschnitten und das Fleisch in Zeitungen verpackt, womit die Käufer dann verstohlen heimschlichen. Ein Rätsel blieb uns, wie man die großen Teile eines Pferdes über enge und niedrige Stiegen unbemerkt in die Wohnung bringen konnte.

So wie man nur mit Beziehungen an die Adressen von Schwarzwaren-Wohnungen kam, brauchte man diese auch, wenn etwas unter dem Ladentisch verkauft wurde. So konnte unsere Mutter mehrmals Flaschen mit Bückelöl, abgetropftes Fett von Räucherbücklingen, bei Fisch-Sommerfeldt in der Wincklerstraße kaufen. Die Bratkartoffeln schmeckten zwar nach Räucherfisch, aber da wir Kinder alle gerne Lebertran mochten, der manchmal löffelweise in der Schule ausgeteilt wurde, schmeckte es uns sehr gut.

Die kostbaren Fleischmarken wurden möglichst aufgespart, um sonntags manchmal einen Braten zu haben. Dazu gab es Omas Einbrenne, wie wir die Ersatzsoßen nannten, hergestellt aus in der Pfanne angeröstetem Mehl, einer Spur Fett, Salz und Wasser, die uns immer köstlich schmeckten. Überhaupt war Oma um Ideen, ein Essen schmackhafter zu machen, nie verlegen. Daß sie praktisch aus nichts etwas Eßbares zaubern konnte, ist mir besonders in einem Fall unvergeßlich:

Ich wohnte damals noch alleine bei ihr und kam hungrig wie immer aus der Schule heim. Sie sagte mir, daß leider kein Brot geschweige denn Fett im Hause wäre. Wieder mal alles ausverkauft, da nützten auch Marken nichts. »Ich kann dir Pfannkuchen machen«, sagte sie, und ich fragte verwundert, wie sie das Kunststück ohne Fett zuwege bringen wollte. »Laß mich mal machen«, meinte sie nur.

Nach einer Weile kam sie mit dem Teller wieder, auf dem zwei appetitlich duftende, zuckerbestreute Pfannkuchen lagen. »Die mußt du ganz heiß aufessen!« Was ich auch mit großem Appetit tat und wieder mal satt wurde. Auf dem Teller blieb nur ein bräunlicher Film zurück. »Wie hast du die gemacht?« fragte ich neugierig. »Mit Mehl, Wasser, Zucker und ...« sie hielt einen Moment inne, ... »dem hier!« Dabei hielt sie einen bräunlichen Block in die Höhe, den ich gut kannte.

Sie brauchte ihn beim Schneidern, um Zwirnsfäden fester zu machen, die sie stramm darüber hinwegzog. Es war Bienenwachs!

Der Tag X

Seit Monaten wurde regelmäßig in Zeitungen und Rundfunk gemeldet, daß eine Reform der Währung notwendig sei, daß nur so eine bessere Versorgung der Deutschen und ein Wiederaufbau der Wirtschaft möglich sei. So wartete ganz Deutschland auf den Tag X, und nur die Schwarzhändler hatten Angst.

Unter strengster Geheimhaltung war das neue Geld an die Banken in den drei Besatzungszonen verteilt worden, und am 19.6.1948 verkündete die Presse den Tag der Währungsreform. Sonntags, am 20.6., sollte es ab 9 Uhr losgehen, die jeweiligen Umtauschstellen für die Bürger wurden bekanntgemacht. Alle sollten gleich sein, niemand bevorzugt, jeder Erwachsene, jedes Kind erhielt vierzig der neuen Deutschen Mark.

Bis in die späten Nachtstunden saßen unsere Eltern und Omi in der Küche und diskutierten. »Paßt auf, es kommt genauso wie nach der Inflation, als die neue Rentenmark eingeführt wurde. Sachwerte wie Gebäude, Land und Schmuck behalten ihren Wert, Aktien und Lebensversicherungen sind nichts mehr wert, und wir kleinen Leute sind mal wieder die Angeschissenen«, meinte Oma. »Aber es gibt einen neuen Anfang. Bald wird es auch wieder genügend zu essen geben, wenn die Wirtschaft sich auf die neue Situation eingestellt hat. Außer uns sind die großen Schwarzhändler die Dummen, weil sie ihre dicken Bündel Reichsmark nicht eintauschen können«, meinte Vater.

Am Sonntag morgen bildeten sich riesige Schlangen vor den Umtauschstellen. Kaum jemand bemerkte, wie lange er in der Schlange stand, denn die Diskussionen und Gespräche brachen nie ab. Endlich an der Reihe, legte man Anmeldebescheinigungen und Ausweise vor, gegen die wurde das »Kopfgeld« ausgezahlt. Neue knisternde Scheine, ungewohnt steif gegenüber den lappigen alten Reichsmarkscheinen. »Bank deutscher Länder« stand darauf, winzige farbige Punkte waren in dem Papier enthalten.

240,- DM nahm Vater für uns in Empfang, 40,- DM unsere Omi, mit denen die beiden grübelnd heimeilten. Wie teuer würden die Eßwaren werden, gab es nun endlich auch die Lebensmittel, die auf den Lebensmittelkarten standen?

Ein ähnlich kräftiger Regenschauer, der über Nacht die Wüste zum Blühen bringt, mußte in der Nacht von Sonntag auf Montag über Deutschlands Handel niedergegangen sein! Mit offenen Mündern bestaunten die Menschen märchenhafte Schaufenster aller Art. Fast vergessene Genüsse wie Wurst, Fleisch, Konserven und Süßwaren lagen plötzlich in den Auslagen. Bekleidung, Schuhe, Haushaltswaren – alles war vorhanden! So manche Faust ballte sich in der Tasche. Waren wirklich alle gleich?

Wunder über Wunder geschahen. Die Lebensmittelmarken wurden von Monat zu Monat geringschätziger behandelt. Die Händler lieferten sie nur noch beim Wirtschaftsamt ab, weil ein aufgeblähter Behörden-Wasserkopf seine Existenzberechtigung nachweisen wollte. Es gab mehr Waren, als uns nach den Marken zustanden. Auch Höflichkeit hinter dem Laden-

Der Tag X: Gegen Vorlage des amtlichen Ausweises nahm jeder seine DM 40,– »Kopfgeld« in Empfang.

tisch war ein völlig neues Erlebnis, zum Beispiel die Frage: »Darf es ein bißchen mehr sein?«

Wir Kinder erlebten dieses Wunder nicht ganz so bewußt wie die Erwachsenen, freuten uns aber riesig, als wir im Sommer Kirschen, Stachelbeeren, Pflaumen und Augustäpfel bei Sunkimat kaufen konnten. So saßen wir denn auf der Mauer am Anberg und übten uns im Kirschkern-Weitspucken, das Pfund Kirschen für 20 Pfennig!

Omis Rente – ein Festtag für die ganze Familie

Omis Rentenzahltag wurde speziell von uns Kindern stets herbeigesehnt. Fleisch, Frikadellen oder Bratwürste wurden an diesem Tag großzügiger bemessen, und für uns gab es immer noch Schnoopkram zusätzlich. Am allerbesten hatte es derjenige, der Oma – immer abwechselnd – auf dem Weg zum Postamt am Mönkedamm begleiten durfte, denn ein paar Bonbons oder eine Wurst waren immer als Extra drin.

»Daß du mir ja nicht vergißt, Maragogype zu verlagen!« pflegte sie uns einzuschärfen, wenn wir Kaffee in der kleinen Kaffeerösterei in der Martin-Luther-Straße einkaufen sollten. Am Zahltag kaufte sie dann selbst ein viertel Pfund »vom Besten«. Dazu gönnte sie sich zum Abendbrot ein Achtel Kassler oder Beefhack und ein Achtel Butter, womit sie zwei halbe Rundstücke belegte, auf die sie zwei halbe Scheiben Vollkornbrot klappte. Gekrönt wurde dieses Festmahl mit einer Flasche Bier, Holsten-Edel, die schlanke Halbliterflasche mit Bügelverschluß. Ab und zu durfte ich mal nippen.

Endlich war die Zeit vorbei, wo sie ihre geliebten Kaffeebohnen im Rohzustand auf dem Schwarzmarkt kaufen mußte, um ihre tägliche Tasse Kaffee zu haben. Auf unerklärlichen Wegen hatte sie sich auch einen Melitta-Tassenfilter aus Aluminium besorgt. Die runden Filtereinlagen wurden nach dem Aufbrühen möglichst oft gespült, weil sie knapp waren. Doch vor dem Genuß stand die Arbeit, und so begann jeden Tag nachmittags eine feierliche Zeremonie: Genau 23 Bohnen wurden abgezählt, in eine Pfanne gestreut und sorgsam braun geröstet. Ich strich immer gern in der Nähe herum, sog den Röstduft tief ein und wartete auf eine günstige Gelegenheit.

Die kam spätestens, wenn Oma sich abwandte und die Bohnen zum Abkühlen auf dem Küchentisch lagen. Zwei Bohnen – niemals mehr – waren dann meine Beute. Genüßlich vor mich hinknuspernd verdrückte ich mich unauffällig. Die beiden Bohnen waren von ihrer Seite aus natürlich immer eingeplant! Kam ich mal nicht zum Zug, war die Tasse Kaffee eben etwas stärker. Das war jetzt alles vorbei, der Kaffee wurde zwar weiterhin von Hand gemahlen, die Bohnen aber nicht mehr abgezählt. Verschwanden einmal ein paar Bohnen, fiel das auch nicht auf. Oma stutzte nur manchmal, wenn der Kaffee wieder zur Neige ging. Außer mir gab es nämlich zwei weitere Naschkatzen: Muschi und Moppel!

Wenn ich an Omas Rentemag ihr Begleiter war, wünschte ich mir außer Himbeerbonbons und Goldnüssen immer einen Gang zum Pferdeschlachter Grün in der Ditmar-Koel-Straße, bei dem ich dann zwei Knackwürste mit Senf bekam. Neben dem Verkehrszulassungsamt in der Gerstäckerstraße stand eine Zeitschriftenbude. Hier durfte ich mir ein gebrauchtes Heft »Tom Prox« oder »Billy Jenkins« aussuchen und ein oder zwei Tüten mit Autobildern. Diese Tüten enthielten zehn Autobilder von amerikanischen, englischen und deutschen Autos, und immer war die Freude groß, wenn nicht so viele Doubletten in der Tüte waren.

Gaumengenüsse

Lange genug hatten wir alle darben müssen, und nun begab sich eine ganze Nation an die Kochtöpfe. Wie muß den Hausfrauen damals zumute gewesen sein, wieder alles kaufen zu können, wenn auch der schmale Geldbeutel die Kauflust im Zaum hielt. So erging es auch unserer Familie. Wir aßen zwar von den Zutaten her bescheiden, mengenmäßig aber viel.

Die Hauptmahlzeit gab es, wenn Vater heimkam. Pünktlich 18 Uhr stand sie auf dem Tisch. Einige Speisen sind uns in allerbester Erinnerung. Dazu gehören Kartoffelsuppe mit

Wurststückchen und gebratenem Speck, Tomatensuppe mit Muskathackklößchen und Reis und Erbsensuppe mit Schweinsohren und -pfoten. Am liebsten aßen wir Kartoffelgulasch. Hier das Rezept:

Kartoffelgulasch
Fetten, gewürfelten Speck glasig anbraten,
mageres Bauchfleisch ebenfalls würfeln und scharf anbraten,
alles kräftig pfeffern und salzen,
mit Wasser auffüllen,
2 Brühwürfel zugeben und alles gar köcheln.
Die Brühe mit scharfem Rosenpaprika kräftig einfärben.
Die Brühe muß sehr salzig sein, denn nun kommen gewürfelte, festkochende Kartoffeln hinzu, die
in dem Sud gegart werden.
Zum Andicken einen Teil der Kartoffeln im Topf stampfen.
Guten Appetit!

Auch Milchreis aus dem billigeren Bruchreis, mit Zimt und Zucker oder mit Früchtekompott gab es manchmal. Ein preiswertes Essen, denn Obst war spottbillig. Wenn es im Sommer sehr warm war, stellte Oma zwei große Schüsseln Milch, abgedeckt mit einem Tuch, auf die Fensterbank und ließ die Milch stockig werden. Solche Sauermilch herzustellen ist mit der heutigen Milch gar nicht mehr möglich.

Sonntags gab es häufig Gulasch, dazu Kartoffeln oder Bruchmakkaroni. Zum Nachtisch Vanillepudding oder Grießflammerie mit Himbeersirup. Da Süßspeisen nicht zu meinen Leibgerichten gehörten, pflegte Paps mir meinen Pudding für 20 Pfennig abzukaufen, ein Geschäft, bei dem beide Seiten zufrieden waren. Oder es gab auf allgemeinen Wunsch Kartoffelpuffer, was regelmäßig ein Freßfest war.

Das war für uns auch die Schollenzeit im Mai. Frühmorgens um 6 Uhr wanderten Muschi und ich, versehen mit zwei Einkaufsnetzen und zehn Mark, zum Fischmarkt. Die Schollen durften wir beileibe nicht am Stand kaufen, sondern wir mußten sie direkt vom Kutter erstehen. »Schulln, Schulln, springlabendige Schulln«, riefen die Fischer, »dat Kilo 'ne Mark!« Je nach Fang waren sie auch etwas teurer, aber wir hatten bald den Bogen raus. Wenn es zum Schluß ging, konnte es sein, daß wir elf Kilo für den Zehner kaufen konnten. Dann wanderten wir mit den zuckenden Netzen heimwärts, und unter dem laufenden Wasserhahn des Handsteins hauchte Scholle für Scholle ihr Leben aus. Anschließend wurden sie in Mehl gewälzt und landeten in der Pfanne. Nicht eine Scholle von den elf Kilo blieb übrig.

Die Heringe waren damals noch groß. Dick und schwer in der Laichzeit wurden sie ausgenommen, gebraten und sauer eingelegt. Rogen und Milch lagen in einer Extraschüssel. Als Mittagessen oder zum Abendbrot mit Bratkartoffeln war es ein Genuß. Wenn die Zeit der Vierländer Tomaten kam, verdrückten wir Berge von Tomatenbrot. Eier gab es dagegen seltener, da der Stückpreis auch damals schon zwischen 20 und 30 Pfennig lag.

Hatten wir ein paar Groschen ergattert, setzten wir sie regelmäßig in Süßigkeiten um oder liefen zur Bäckerei Seidel am Neuen Steinweg, um Kuchenreste, Baisers oder Waffelbruch zu kaufen.

Das Leben normalisierte sich langsam. Die ungeliebten Lebensmittelmarken wurden schon im März 1950 ganz aufgehoben. Das wurde besonders in England, wo die Marken noch sehr viel länger ausgegeben wurden, bestaunt. Unseren Vater brachte das zu der Frage: »Wer hat eigentlich den Krieg verloren? Wir oder die Engländer?«

Laternenumzüge und Rummelpott

Der Herbst war schon in den Kohldampfjahren und auch nach der Währungsreform 1948 die Zeit der Laternenumzüge. Veranstalter großer Umzüge war meistens eine Partei, SPD, KPD oder CDU. Das kümmerte Eltern und Kinder kaum, von Politik hatte man sowieso die Nase voll. Hauptsache war die Blaskapelle, die den Umzug mit ihrem

> Laterne, Laterne,
> Sonne, Mond und Sterne ...

anführte. Das war auch für Lausbuben wie uns eine schöne Zeit. Singen fanden wir doof, Laternen waren etwas für Kleine, und so hatten wir uns rechtzeitig leere Kilo-Konservendosen besorgt. In den Boden wurden mit einem Nagel Löcher für den Luftzug geschlagen und ein Draht durchgezogen, dessen Enden verdrillt wurden. In dieser nun ungefähr einen halben Meter langen Schlaufe hing waagerecht die Dose, die den Laternenwanderern das Marschieren schwer machen sollte.

Die Dose wurde sorgfältig mit trockenem Unkraut, feuchtem Gras, zerkleinerten Dachpapperesten – die einen herrlich stinkenden, grüngelben Qualm erzeugten –, Holzstücken etc. ausgestopft, und die Oberfläche, die gut brennen mußte, angezündet. Nun wurde die Räucherdose wie eine Acht geschwenkt, um die Flammen zu ersticken und das Rauchgut durchzuglühen. War die Dose zu dicht gestopft und zog nicht durch, half nur noch ein wildes Kreisschwenken aus dem Schultergelenk heraus, um Qualm zu erzeugen, der nun in dichten, stinkenden Schwaden durch die Luftlöcher entwich und die Umgebung vernebelte.

Nun begann unser wilder Tanz neben den und um die Laternenwanderer herum, die manchmal vor Husterei nicht singen konnten. Erwachsenen, die uns Hiebe androhten, wurde geschickt ausgewichen und an anderer Stelle der Umzug weiter verpestet. Das machten wir so lange, bis einige Udls, vor denen wir noch gehörigen Respekt hatten, dem wilden Treiben ein Ende machten und uns in die Trümmerflächen jagten, wo dann ungestört weiter geräuchert wurde.

Der alte Brauch des Rummelpotts blühte erst nach der Währungsreform wieder richtig auf, da nun wieder Kuchen, Kekse, Obst oder manchmal auch Geld an die Kinder verteilt werden konnte. So verkleideten wir uns am Silvesterabend, bemalten unsere Gesichter und zogen beim Dunkelwerden mit Einkaufstaschen oder kleinen Säcken von Treppenhaus zu Treppenhaus. Leise stiegen wir zur obersten Etage und klingelten, natürlich nicht an allen Türen zugleich, sondern schön einzeln. Öffnete sich die Tür, sang eine kleine Kinderschar:

> Rummel, rummel, roken,
> giff mi Appel und Koken.
> Lot mi nich so lange stohn,
> denn wi mütt noch wieder gohn!
> Een Huus wieder,
> wohnt de Snieder,
> een Huus achter,
> wohnt die Slachter,
> haut de Katt den Swanz aff,
> hau em nich to lang aff,
> denn he sall noch wieder wassen!

Erwartungsvoll schwiegen wir nun und harrten der Dinge, die da kommen sollten. Meistens drehte sich die Frau des Hauses um und holte Kekse und Obst, aber der Mann langte schon mal in die Tasche und holte etwas Kleingeld hervor, das Silvester 1948 aus 5-Pfennig-, 10-Pfennig-Scheinen oder sogar einem 50-Pfennig-Schein bestehen konnte. Mit einem artigen Dankeschön verabschiedeten wir uns dann.

Es kam auch vor, daß sich hinter uns eine Tür öffnete, um nachzuschauen, was der Gesang bedeutete. Klingelten wir Kinder nun hier, und es wurde nicht geöffnet, wurde der Strafvers möglichst laut gesungen:

> Witten Zweern,
> swatten Zweern,
> knickrige Lüüd,
> de gifft nich geern!

Wenn wir genug gesammelt hatten, wurde der Rummelpott gewissenhaft unter uns aufgeteilt.

Silvesterfeuerwerk, Kaugummi und Schulhofspiele

Silvester 1947 war von Mangel an allem geprägt. In der Schule handelten einige Schüler mit sogenannten Generatoranzündern, übergroßen Streichhölzern, deren Köpfe mit roter, blauer oder grüner Flamme abbrannten. Es gab auch geschickte Leute, die aus Unkraut-Ex Kanonenschläge bastelten. Ich hatte in der Schule zwei Generatoranzünder und eine Schachtel Streichhölzer gegen etwas mehr als ein Kilo Altpapier eingetauscht.

Altpapier war kostbar in jener Zeit. Wir mußten ein Kilo Altpapier im Schreibwarengeschäft abgeben, wenn wir ein Schulheft brauchten. Unsere ersten Hefte nach dem Krieg bestanden aus Zeichenpappe, die mit Bleistift und Lineal liniert wurde. Nadel und Faden verbanden mehrere Seiten zu einem Heft. Auch für das erste, nach dem Krieg erschienene Heft der Radiobastler-Zeitschrift »Funkschau« mußte Vater ein Kilo Altpapier neben dem Kaufpreis entrichten.

Meine beiden Generatoranzünder sparte ich bis Mitternacht auf. Vorher hatte ich schon die Streichhölzer zum Knallen verbraucht. Einige Tage vorher hatte ich just für diesen Zweck einen Schrankschlüssel stibitzt, dessen Spitze bekanntlich einen zylindrischen Hohlraum aufweist. In mühseliger Schleifarbeit war auf dem Bordstein die Spitze eines Nagels flachgeschliffen worden, der genau in den Hohlraum des Schlüssels paßte. Die Enden von Schlüssel und Nagel waren durch einen Bindfaden verbunden, so daß die beiden ineinander gesteckten Teile in einer halbmeterlangen Schlaufe hingen. In den Schlüsselhohlraum wurden die Zündköpfe von zwei Streichhölzern plaziert, dann wurde der Nagel reingesteckt und die Schlaufe mit dem Nagelkopf gegen eine Wand geschleudert. Je nach Ladungsstärke explodierte dann der Inhalt des Hohlschlüssels mit mehr oder minder lautem Knall, was auch abhängig von der Paßgenauigkeit des Nagels war. Bei zu starker Ladung konnte der Schlüssel aufplatzen, womit er unbrauchbar war.

»Please Mister, give me a piece of chewing-gum!« war der erste englische Satz, den ich lernte. Wochenlang hatte ich schon beobachtet, daß einige Schulkameraden eifrig Kaugummi kauten. Ich kannte das nicht, denn in Vorarlberg habe ich die Franzosen und Marokkaner niemals Kaugummi kauen sehen. Bei den Kindern und Jugendlichen in Hamburg aber war Kaugummi heiß begehrt. Neugierig geworden, fragte ich meine Klassenkameraden, woher sie es hätten. Ich erfuhr, daß sie es sich erbettelt hatten, und so lernte ich den diesbezüglichen englischen Satz.

Erfolgversprechende Plätze, um ihn anzuwenden, waren das nur Engländern zugängliche Tanzcafé am Gänsemarkt (die spätere Geschäftsstelle des »Hamburger Abendblatts«), die Eingänge des Waterloo-Kinos in der Dammtorstraße und des Urania-Kinos in der Fehlandtstraße, das außer deutschen Kindervorstellungen überwiegend englische Filme zeigte und daher fast nur von englischen Soldaten besucht war, die gruppenweise auf Lastern vorfuhren. Vor dem Tanzcafé gab ich schnell auf, denn hierher kamen fast nur englische Offiziere, die ziemlich arrogant waren. Erfolg hatte ich ab und zu vor dem Urania-Kino, denn die Soldaten sagten entweder »Go away!« oder drückten einem ein oder zwei Wrighley's in die Hand.

Andächtig wurde die Papierhülle abgezogen, das Silberpapier abgewickelt und der Kaugummistreifen in den Mund geschoben. Wochenlang hütete ich meinen Kaugummi, klebte ihn hinter ein Ohr, wenn es im Unterricht oder beim Essen erforderlich war, und er war lange Zeit noch gut ziehfähig. Ich hütete ihn deshalb so lange, weil ich endlich erfahren hatte, woher einige Schulfreunde ihren reichlichen Kaugummivorrat hatten und es sich leisteten, einen Gummi auszuspucken: Sie sammelten sie im Urania ein! Die Soldaten hatten nämlich die Angewohnheit, ihre ausgekauten Kaugummis unter den Sitz zu kleben.

In den Pausen wurde auf dem Schulhof »geditscht«, entweder mit 5-Pfennig-Stücken oder mit Groschen. Von der Wand wurde in ungefähr zweieinhalb Meter Entfernung der Wurfstrich gezogen, der nicht übertreten werden durfte. Von hier aus wurde die Münze geworfen, möglichst nahe an die Wand. Jeder hatte drei oder fünf Münzen, mit denen er sein Ergebnis korrigieren konnte, es war auch gestattet, alle Münzen gleichzeitig zu werfen. Nach dem Werfen begann nun das sorgfältige Ausmessen, wessen Münze am nächsten an der Wand lag, denn der Erste durfte nun ditschen.

Die Münzen wurden im Stapel auf den nach oben gebeugten Unterarm, möglichst nah am Ellenbogen gelegt. Hatte das Spiel mehrere Teilnehmer, wurden mehrere Stapel gemacht. Mit einer Schleuderbewegung nach vorne wurden die Münzen aufgefangen. Vorbeifallende Münzen durfte dann der Zweite auf gleiche Weise fangen und so weiter. Eine Fangvariante war, den oder die Münzstapel auf den Daumenballen der linken Hand zu legen. Mit der rechten Handkante schlug man kräftig auf den Oberarm und fing die in die Luft geprellten Münzen ein.

Ein weiteres beliebtes Pausenspiel war »Messersteck«, wobei das Messer meistens aus einer rostigen Rund- oder Flachfeile bestand. Ein in den Sand geritztes Rechteck wurde halbiert und bildete das jeweilige Land des Spielers. Die in den Sand geschleuderte Feilenspitze ergab den ersten Strich, mit dem zweiten Wurf ergab sich der erste eroberte Landfleck. Auf diesem Landfleck stehend konnte man weiterwerfen, so lange, bis ein Wurf mißglückte, d. h. die Feile umfiel. Das konnte schnell passieren, wenn man zum Beispiel einen Kieselstein traf. Mit viel Glück konnte man verhindern, daß der Gegner überhaupt zum Zuge kam. Auf dem letzten kleinen Landstück mußte mit drei Würfen hintereinander das Spiel abgeschlossen werden. Noch immer konnte sich dann das Blatt wenden, entweder durch einen mißglückten Wurf, oder man traf versehentlich sein eigenes Land. Dann war der Gegner an der Reihe und siegte nicht selten.

Nach der Währungsreform verschwand das Ditschen von den Schulhöfen. Die neue deutsche Mark war dafür viel zu kostbar, und in den ersten Monaten war kein entsprechendes Kleingeld vorhanden. Als Ersatz für kleine Münzen gab es Papiergeld, Scheine für 5, 10 und 50 Pfennig. Für einige Zeit galten die 1-Pfennig-Stücke der Reichsmark weiter, wurden aber von der Bank nicht eingetauscht. Als sie nach und nach verschwanden, die neuen 1-Pfennig-Münzen aber noch rar waren, behalf man sich mit der »Bonbonwährung«: Der Kaufmann gab anstatt 1 Pfennig einen Bonbon heraus.

Die wieder aufblühende Zigarettenindustrie versorgte auch uns Kinder. Wir sammelten die leeren Zigarettenschachteln, die sorgfältig aufgetrennt hübsche Spielkarten ergaben. Ab 1949 wurden auch wieder Tierbilder gesammelt. Es begann mit den Voss-Kunstbildern des Tiermalers Poppen, die es zu jedem 250-Gramm-Würfel Margarine gab. Andere Margarinefirmen folgten diesem Beispiel, waren aber lange nicht so beliebt.

Klingelstreiche

Mit einbrechender Dunkelheit radelte der Hein-Gas-Laternenanzünder herum, um mit langer Hakenstange an den gußeisernen Laternen die Glühstrümpfe einzuschalten, wenn die automatische Zündung nicht funktionierte. Dann war mit den meisten unserer Spiele Schluß für diesen Tag, aber da wir noch keine Lust hatten, raufzugehen, heckten wir gerne noch Streiche aus.

Beliebt war der Klingelstreich, für den nur eine Stecknadel erforderlich war. Einen Klingelknopf drücken, ihn mit der Nadel blockieren und schnell abhauen war Sekundensache. In jedem Fall mußte das jeweilige Klingelopfer erst einmal die Treppe hinunter, um die scheppernde Klingel abzustellen. Wenn aber ein besonders Mutiger zwei oder drei Etagen hinaufgestiegen, den Knopf an der Wohnungstür blockiert und blitzschnell die Treppen wieder hinuntergesaust war, gab es lange Gesichter bei den Gefoppten.

Hatten wir einen längeren Strick zur Verfügung, probierten wir eine Blockade. Dabei wurden zwei gegenüberliegende Wohnungstüren an den Türgriffen miteinander verbunden. Der Strick durfte nur leicht durchhängen, und je eine Nadel blockierte den Klingelknopf. Im Hausflur warteten wir auf das unweigerlich folgende Getöse: Die erste Tür öffnete sich – und knallte gleich wieder zu, denn der Nachbar wollte seine ja auch öffnen und riß mit dem Strick die Gegentür wieder zu. Krach-krach ging es hin und her, dazu das Geschrille der Klingeln, krach – schrill, auf – zu, manchmal ging es so drei Minuten hin und her, und für uns wurde es höchste Zeit zu verduften.

Am nächsten Tag hatte die Nachbarschaft wieder einmal einen Grund, über »de verdreihten Bengels, de nix anners in Sinn hebben, as Untüüch«, zu schimpfen. Gelegenheiten für »Untüüch« gab es immer. Trockene Pferdeäpfel flogen durch die Gegend, und bei jedem Treffer spritzte der Apfel auseinander, zum Ärger des Getroffenen. Zum Ärger auch der Erwachsenen, die nicht selten mit Eimer und Handschaufel den schönen Dünger für ihren Schrebergarten oder die Blumenkästen einsammelten. Aber zur Freude der zahlreichen Spatzen, die in Horden über den zerstreuten Mist herfielen.

Damals konnte man auch noch unbesorgt einen Hundehaufen wegkicken, denn er war fast weiß und trocken, weil Hunde überwiegend mit Knochen gefüttert wurden.

Die schönste Gelegenheit einen Streich zu spielen, ließen wir uns nur selten entgehen. Ziemlich regelmäßig tauchten Straßenmusiker auf, »de Pankokenmusikers«. Die aus meistens fünf Männern bestehende Gruppe machte mit Posaunen und Trompeten Blasmusik, eine Tuba gab mit »bwuppbwuppbwuppbwupp« den Takt.

»Pankoken« bedeutet nicht Pfannkuchen, vielmehr hatte ein Blasmusiker namens Pankoke gegen Ende des neunzehnten Jahrhunderts die Idee zu solcher Straßenmusik. Die »Pankokenmusik« war immer sehr schnell von zahlreichen zuhörenden Menschen umringt, häufig tanzten auch die kleineren Mädchen zur Musik.

So konnte es auch geschehen, daß einer von uns Jungen in der vordersten Reihe auftauchte, den Kopf zur Seite geneigt hingebungsvoll der Musik lauschte und selbstvergessen und harmlos an einem Stück Zitrone lutschte. Und so geschah es dann auch, daß der erste Musiker ihn bemerkte, irritiert die Augen verdrehte, krampfhaft woanders hinblickte und ihn mit erhobenem Fuß zur Seite schob. Nur weg mit dem, nicht daran denken, spielen, Takt halten!

Die Unruhe erregte bald auch die Aufmerksamkeit der anderen Musiker, die nun gleichfalls versuchten, den Störenfried zu verscheuchen, der sie verständnislos anstarrte und weiter an der Zitrone lutschte.

Die Zuhörer ahnten nicht, wieso sich plötzlich erste Mißtöne in das sonst so perfekte Blaskonzert mischten, immer schriller wurden, bis die Musiker schließlich erbost ihre Instrumente absetzten.

Unser Freund war aber schon blitzschnell zwischen den

Umstehenden durchgeschlüpft, und vor Freude juchend beobachteten wir aus sicherer Entfernung, wie die Musiker nun ihre Instrumente vom hineingesabberten Speichel reinigten. Welcher Blasmusiker kann schon einem zitronelutschenden Gegenüber widerstehen?

Rache folgt auf dem Fuße

Natürlich gab es auch kinderfeindliche Nachbarn: Vor dem Fenster durfte man nicht spielen, im Hof auch nicht, und selbst den Mädchen wurde das Ballspielen verboten. Solche Zeitgenossen forderten unsere Rache, die wirklich nicht immer harmlos zu nennen war, förmlich heraus.

Die harmloseste Rache bestand darin, daß in eine Konservendose gepinkelt wurde, die schräg gegen die auserkorene Wohnungstür gelehnt und mit einem Stein am Zurückkippen gehindert wurde. Leise zurück, Sturm klingeln und blitzschnell verschwinden hieß es nun, damit das beabsichtigte Drama seinen Lauf nehmen konnte. Beim Öffnen kippte die Dose und ergoß ihren Inhalt in den Wohnungsflur. Das Objekt unserer Rache durfte nun den nassen Segen aufwischen. Das war zwar eklig, ging aber schnell, denn Teppichauslegeware gab es noch nicht.

Die zweite Variante war schon erheblich gemeiner. Ein großes Zeitungspapierpaket wurde sorgfältig mit Müll gefüllt, also mit Pferdeäpfeln, Fischabfällen oder Herdasche. Das Paket wurde auf die Fußmatte gelegt, an zwei Stellen angezündet und Sturm geklingelt. Unserem Opfer blieb nichts anderes übrig, als mit kräftigen Tritten die Flammen zu löschen, wobei sich der Paketinhalt weiträumig vor der Wohnungstür verteilte.

Von der schwersten Rachevariante waren nach meiner Erinnerung nur zwei Opfer betroffen. Ein notorischer Meckerer hatte einem unserer Freunde den Hosenboden stramm gezogen, ein anderer hatte unseren kostbaren Fußball geschnappt und mit einer Schere zerstochen. In beiden Fällen war die schwerste Rachestufe fällig, und die sah so aus: Zwei wurden ausgelost, bei einsetzender Dunkelheit in das betreffende Treppenhaus zu schleichen. Wir anderen standen klönend einige Meter weiter an der Ecke, um ihnen, falls nötig, Deckung zu geben. Die beiden kamen aus dem Treppenhaus, klingelten Sturm und schossen in unseren geöffneten Kreis, der sie aufnahm.

Das Opfer hatte die Tür aufgerissen, um eine Schimpfkanonade zu starten, erstarrte aber vor Schreck, um dann hektisch einen brennenden Ball aus Zeitungspapier auf der Fußmatte auszutreten. Das war meistens schnell geschehen, aber dann macht sich neben dem typischen Geruch glimmenden Papiers sehr aufdringlich ein anderer Geruch bemerkbar, und bei näherer Betrachtung der Fußmatte kam die stinkende Bescherung zum Vorschein: ein schön breitgetretener und auf Boden und Matte verteilter Kothaufen.

Donnerschlag und Bremsspuren

Wenn über Hamburg Gewitter niedergingen, reagierten Oma und Mutti fast hysterisch, selbst ein Gewitterchen löste bei ihnen Furcht aus.

Wir Kinder hatten diese Furcht nicht geerbt, vielmehr erfreuten wir uns an jedem Blitz und Donner zusammen mit unserem Paps, der uns die Vorgänge bei einem Gewitter erklärte.

So war es nicht verwunderlich, daß wir Oma und Mutti immer wieder hänselten, wenn die beiden furchtsam auf einem mitgenommenen Stuhl im Flur saßen, der keine Fenster, sondern nur die Türen aufwies. Da diese Türen im oberen Drittel mit Scheiben aus Riffelglas versehen waren, nützte ihnen das kaum etwas. Die Blitze erhellten durch die Türscheiben auch den Flur mit blendendem Licht, begleitet von ihrem erschreckten Aufschrei und dem wimernden »Ogottogottogott!«, das sich in die Melodie des Donnergrollens einfügte.

Wir standen derweil mit Paps in der Küche, deren Fenster zum großen Hof des Blocks hinauswies. Da unsere Wohnung im ersten Stock lag, konnten wir über dem Dach des gegenüberstehenden Hauses noch gerade die grüne Turmkuppel des Michels mit der goldenen Wetterfahne sehen.

Wenn der Donner mit Urgewalt grollte, daß sogar der Holzfußboden vibrierte, schwoll unser Jubel mit »Ouuuh« und begeistertem »Mannomann« an, und wir hielten den Blick unverwandt auf die Kirchturmspitze gerichtet, hoffend, daß wieder mal ein Blitz mit wildem Zacken in den Blitzableiter einschlagen würde.

Es kam auch vor, daß ein Blitz in das Herrengrabenfleet fuhr, das Wasser war dann über eine weite Fläche mit dem aufgewühlten Dreck und Moder verschmutzt, und tote Fische trieben auf der Oberfläche.

Immer wieder versuchte Vater unsere Mutter von der Harmlosigkeit eines Gewitters zu überzeugen und sie zum Zuschauen zu überreden.

»Weibi, komm' her und kuck mal zu, das ist Klasse! Hier am Fenster passiert dir nichts, glaub' mir!«

»Halt' du bloß die Luft an, laß' mich in Ruhe und mach' die Tür zu!«, wimmerte es wütend zurück.

War er dann einmal zu hartnäckig mit seinen Sticheleien, trumpfte sie zornig mit: »Sei bloß endlich ruhig, wenns hart auf hart geht, scheißt du dir selber in die Büx...!« auf und brachte ihren Göttergatten damit zum Verstummen.

Mit dieser letzten Waffe spielte sie auf einen Vorfall an, der sich seinerzeit in der Eimsbütteler Behausung in der Sillemstraße ereignet hatte.

Der Tag war schwül und dunstig gewesen, in dem kleinen

Zimmer brütete die Hitze. Es muß ein Wochenende gewesen sein, denn Vater war daheim, saß an seinem Klapp-Basteltisch und lötete an einem Radio herum.

Am Spätnachmittag verdüsterte sich der Himmel, und das Tageslicht war rötlich-diffus geworden. Plötzlich wurde es stark windig, Staubwolken wehten in großen Fahnen von den Trümmerflächen hoch. Schlimm war das für uns nicht, denn die Erleichterung durch die kleine Abkühlung überwog. Wir alle trugen wegen der Hitze nur Unterwäsche, so auch unser Vater.

Erster leichter Regen setzte ein. Paps erhob sich, trat auf den schmalen Balkon hinaus und genoß den aufgekommenen Wind. In einiger Entfernung zuckten die ersten Blitze, in langem Abstand folgte der Donner.

Unsere Mutter war wieder einmal nach dem ersten Blitz mit einem Stuhl auf den langen Korridor der Anders'schen Wohnung geflüchtet und kauerte fluchtbereit darauf.

Vater deutete in die Ferne und sagte: »Diesmal kommt es aber von allen Seiten. Weibi, sei doch nicht so bangbüxig, komm' her und...« Plötzlich wurde es taghell, weißer als weiß, ein Knistern in der Luft, begleitet von einem tösenden Donnerschlag, so daß unsere Gehöre für kurze Zeit taub waren.

Paps stand nun wirklich wie vom Donner gerührt, immer noch mit erhobenem Arm. Auch wir Kinder, die unmittelbar hinter ihm an der Balkontür standen, waren wie zu Salzsäulen erstarrt. Im nächsten Moment drehte Vater sich herum, sprang mit einem Riesensatz an uns vorbei in das Zimmer hinein, stürmte, den Trennvorhang zur Wohnhälfte mitreißend, an unserer entsetzten Mutter auf dem Flur vorbei in die Toilette hinein, die Tür hinter sich zuschlagend, und ward längere Zeit nicht mehr gesehen.

Mutter saß nun grinsend da und meinte: »Hab' ich doch richtig gesehen, unser Vater hat eine riesige Bremsspur in der Unterhose. Endlich hatte er auch einmal Schiß.«

Diese Anekdote hörte Vater in späteren Tagen nie so gerne. Der Blitzschlag war mit den ersten Regentropfen erfolgt und in eine kaum dreißig Meter entfernte Ruinenfassade gegangen, die mit Riesenpoltern einstürzte. Zu dem enormen Schreck kam noch das elektrische Prickeln auf seiner Haut, daß die Entladung in die Hose auslöste.

»So etwas ist mir noch nicht mal im Krieg passiert!«, pflegte er verlegen zu sagen.

Straßenleben

Wenn beim Hufschmied im Torweg am Anberg die schweren Holsteiner beschlagen wurden, standen sie geduldig auf ihren stämmigen, über den Hufen zotteligen Beinen und ließen die Prozedur über sich ergehen. Der Hufschmied im weißblau gestreiften Arbeitshemd, mit Lederschirmmütze und -schürze, hob mit einem beschwichtigendem »Jüüüch« ein Pferdebein an, so daß es am Knie einknickte. Dann hängte er es in eine Lederschlaufe seiner Schürze und konnte so den Huf bearbeiten, nachdem er vorher mit einer Zange die Hufnägel und das Hufeisen entfernt hatte. Horn und Schmutz wurden sorgfältig unter dem Huf abgeraspelt.

In der Schmiede brachte der zweite Hufschmied an den Esse ein Hufeisen zum Glühen und schlug es auf dem Amboß in die richtige Paßform. Nun wurde das glühheiße Hufeisen auf den Huf aufgepaßt, was zu ekelhaften, nach Horn stinkenden Rauchschwaden führte, und zum Schluß schlug der Schmied die Hufnägel ein. Wir staunten immer wieder, daß ein Pferd mit so vielen Nägeln im Huf noch laufen und traben konnte.

Nebenan beim Milchmann Rübcke wurden schwere Milchkannen vom Pferdewagen abgeladen und leere Kannen mit Klappern und Scheppern wieder aufgeladen. Der Grünhöker Sunkimat fuhr knatternd mit seinem dreirädrigen Tempo vor und begann, seine Gemüsekisten abzuladen. Er stellte auch selbst Gemüsekonserven her. Anfang der fünfziger Jahre konnten wir uns manche Mark Taschengeld verdienen, indem wir zentnerweise Brechbohnen für seine Konserven putzten. Pro Zentner gab es 10,– DM.

Vor der Gaststätte »Jahnckes Eck«, Ecke Martin-Luther- und Wincklerstraße, hielt häufig ein Pferdegespann mit Stangeneis zum Kühlen. Das Pferd bekam einen ledernen Futtersack über den Kopf gehängt und mampfte gemächlich seinen Hafer, während der Lieferfahrer hinten am Wagen mit einem Eisenhaken die meterlangen, vierkantigen und schweren Eisstangen zu sich heranzog und mit gekonntem Schwung auf seine ledergeschützte Schulter schwang. Die Eisstange sorgfältig auf seiner Schulter balancierend, trug er sie in die Gaststätte. Auf diesen Moment hatten wir ungeduldig gewartet, weil uns das die Gelegenheit gab, abgeplatzte Eisstücke vom Wagen zu stibitzen.

Freitags und sonnabends war Tanz in dieser Wirtschaft. Dann musizierten drei ältere Herren in roten Hemden mit Geige, Akkordeon und Schlagzeug, und die meist angeschickerten Gäste tanzten eifrig. Wir standen abends vor dem offenen Lüftungsfernster und beobachteten das Geschehen. Nicht selten trabte freitags eine Matrone forschen Schrittes heran, verschwand im Lokal und zerrte bald darauf einen schimpfenden oder betreten schweigenden Ehemann heraus. Es war nämlich keine Seltenheit, daß die hier im Viertel wohnenden Hafenarbeiter nach der Schicht auf ein Bier einkehrten und dann versackten. Die freitags empfangene Lohntüte geriet in Gefahr, beim »Lohntütenball« ernsthaft geschmälert zu werden. Was Wunder, daß energische Gegenmaßnahmen der Frauen erforderlich waren, denn Bäcker, Milchmann und Krämer warteten auf ihr Geld. Anschreiben lassen war zwar allgemein üblich, erheischte aber auch pünktliche Zahlungen, sollte der Brotkorb nicht an der Decke verschwinden.

Fenster gingen auf und Neugierige liefen herbei, wenn »Hauihnauffefresse!« und ähnliches gegrölt wurde. Bezechte waren aneinander geraten und schwangen torkelnd die Fäuste. Das endete fast immer mit einer blutigen Nase oder einem blauen Auge. Meistens wurde die Hauerei durch einen Udl beendet. Die Polizeiwache war ganz in der Nähe in einer Baracke auf dem Schaarmarkt untergebracht. Die Udls waren also stets präsent und auch von uns Kindern respektiert, wenn nicht gar gefürchtet. Blau uniformiert, den hölzernen Schlagstock am Gürtel, den schwarzen, mit Polizeistern und Hamburger Wappen gezierten Tschako auf dem Kopf, brachten sie die Kontrahenten auseinander, die schnell recht dösig dastanden. »Geht man no Huus und slöpt je bi Muttern ut!« war der keinen Widerspruch duldende Ratschlag des Schupos.

Erklang eine Hand-Drehorgel, versuchten wir, die Quelle der Leierkastenmusik zu ergründen. Drehorgelspieler tauchten regelmäßig in unserer Umgebung auf. Auf der Straße vor dem Haus spielten sie ungern, bevorzugten vielmehr die Höfe, denn nach hier gingen die Küchenfenster hinaus und war am ehesten Geld zu erwarten. Auch das Tuten der Dampfer und Schlepper, das Quietschen der Räder der Hochbahn auf der Traverse am Baumwall und das Geschepper der Niethämmer auf den Werften war hier gedämpfter.

So standen sie dann im Hof und drehten hingebungsvoll die Leier ihrer Orgel, spielten neueste Schlager, Volkslieder und auch Schnulzen wie »Mariechen saß weinend im Garten«. Wir belauerten indessen die geöffneten Fenster und warteten auf die Groschen, die in Zeitungspapier gewickelt hinabgeworfen wurden. Jedes fallende Groschenpäckchen wurde mit einem artigen Lüpfen des Hutes oder einem Winken der freien Hand beantwortet, während wir eifrig das Geld aufsammelten, in die Dose warfen und aus den Augenwinkeln die ringelreihentanzenden Mädchen beobachteten.

Am liebsten mochten wir einen vollamputierten Mann, der in einem dreirädrigen, gummibereiften Rollstuhl saß und mit zwei langen Pendelstangen die Hinterräder antrieb. Seine Frau schob die Orgel und stellte sie für ihn bereit. Er hatte immer besonders schöne Stücke auf der Walze und dementsprechend war auch der Geldsegen für ihn.

Erklang der Ruf »Scherenschleifer hiiierr!« waren wir schnell zur Stelle. Das Abholen und Wiederbringen von Scheren, Messern und Töpfen verhieß einige Groschen. Vor seinem zweirädrigen Schubwagen trat der Mann mit einem Pedal den Schleifstein an und schliff funkenstiebend Scheren und Messer. Durchgebrannte Töpfe wurden geflickt, indem das Loch mit zwei Dichtungsscheiben und Schraube mit Mutter versehen wurde.

Hatten die Fleete den höchsten Wasserstand, konnten wir einen längeren Konvoi vertäuter Schuten beobachten, der, von einer Barkasse gezogen, langsam unter der Brücke durchfuhr. Teils leer, teils mit Kohle beladen wurden die Schuten zu ihren Bestimmungsorten, den Speichern oder Kohleplätzen, gebracht. Den langen Peekhaken sicher in den Grund stoßend und mit der Schulter abstützend, lief der Ewerführer auf der schmalen Bordplanke hin und her und bewegte so die Schute vorwärts. Kam er aus dem Kurs, korrigierte er ihn, indem er den Haken gegen Hausmauern stemmte.

Manchmal konnte man Schornsteinfeger bei ihrer Arbeit beobachten und ihre Geschicklichkeit bewundern, mit der sie auf dem Dach und um die Schornsteine herumturnten. Sein Kommen kündigte der Schornsteinfeger mit einer Kreidenachricht auf der ersten Treppenstufe des Hauses an: »Montag Sottje«. Dann hieß es für die Hausfrauen, rechtzeitig die Ofenschotten zu schließen, damit der Sott nicht aus dem Schornstein in die Wohnung staubte. Höchste Zeit war es, wenn im Treppenhaus der Ruf erschallte: »Schooornsteinfeeeger feeegt!«

Beliebte Kinderspiele

Sobald es wärmer wurde, ergänzten wir »Intschepup und Trapperködel« und Fußball durch weitere Spiele. Diese kamen und gingen auf geheimnisvolle Weise. Ein typisches Beispiel dafür ist das Marmelspiel, das wie auf Verabredung von allen Kindern gespielt wurde. Die Papier- und Spielwarengeschäfte hatten sich quasi über Nacht auf die plötzliche Nachfrage nach Marmeln eingestellt. Und so ditschten und rollten die bunten Tonkugeln an allen Stellen, die dafür geeignet waren.

Das konnte auf dem Fußsteig sein, der ein Bombensplitterloch von ungefähr 15 Zentimeter Durchmesser aufwies, oder auch glattgetretene Stellen auf dem Schulhof, oder am Rand eines Trümmergrundstücks. Die Anzahl der gespielten Marmeln wurde vorher abgesprochen, die nun der geknickte Zeigefinger schwungvoll auf den Pott zuschob. Die Anzahl der eingelochten Marmeln entschied, wer die noch außen liegenden Marmeln als erster schieben durfte, um den Pott zu gewinnen. War man geschickt und ditschte sie alle in das Loch, hatte man gewonnen, sonst bekam der zweite Spieler seine Chance.

Ebenso schnell, wie sie gekommen waren, verschwanden die Marmeln in ihren kleinen Säckchen und warteten auf neue Verwendung. Wir Bengels zum Beispiel konnten sie prima als Munition für unsere »Kattsches«, unsere Katapulte, verwenden. So ein Katapult, bestehend aus einer Y-förmigen Astgabel, Einweckgummi, einem Stückchen Leder als Lager für Stein oder Marmel, war mit Hilfe von dünnem Draht oder Bindfaden schnell gebastelt. Die Beschaffung war schon schwieriger, wobei die Suche nach einer geeigneten Astgabel das geringste Problem war. In einer Zeit, wo alles, einfach alles aus Ersatz bestand, konnte auch ein simpler Bindfaden aus gedrehtem Papier bestehen und somit keine Belastung aushalten.

Hatten wir endlich unser Kattsche fertig, gingen wir auf Rattenjagd. Auf einer Brücke über dem Herrengraben-Fleet lau-

1950 veranstalteten das Hamburger Abendblatt und Aral das erste Seifenkistenrennen auf dem Venusberg am Michel.

erten wir bei Ebbe auf die zahlreichen Ratten, die auf den glitschigen Trümmersteinen und im Modder auf Nahrungssuche waren.

Wir haben uns immer alle auf eine Ratte konzentriert. Wir spannten das Schleudergummi und schnellten auf Kommando fünf, sechs, sieben Marmeln auf das Tier. Wurde der arme Nager getroffen, hieß es für uns, ihm mit konzentriertem Feuer den Garaus zu machen. Oft genug hatten wir Erfolg, denn unsere Treffsicherheit war beachtlich. Durch Übungsschießen in den Trümmern auf Konservendosen oder Flaschen hatten wir trainiert. Die dabei verwendeten kleinen Steine wurden bei der Rattenjagd durch die genauer zielenden Marmeln ersetzt.

Ebenso plötzlich wie die Marmeln tauchten eines Tages allenthalben bunte Kreisel auf. Ein Bindfaden am Stock diente als Peitsche und trieb die Kegel auf dem Bürgersteig hin und her. Neben dem einfachen Kreisel, der mit einem gekonnten Fingerschnippser auf die Gehwegplatten schnellt, weiter rotierte und mit der Peitsche auf hohe Touren gebracht werden mußte, gab es später aufwendigere Modelle. Sie hatten oben in der Mitte eine kleine Bohrung, die einen Metalleinsatz mit einer Wickelfeder enthielt und mit einer aufsteckbaren kleinen Kurbel gespannt werden konnte. Solchermaßen abgeschnellt hatte der Kreisel sofort hohe Umdrehungen, und die Peitsche konnte bedächtiger eingesetzt werden.

Besonders geschickte Kinder bauten mit einer schräggestellten Platte eine kleine Rampe, schnellten ihren Kreisel auf diese und trieben ihn mit gekonnten Peitschenschlägen zum Rand hinaus, wo er mit einem weiten Sprung wieder auf den Gehweg hüpfte und weiter rotierte.

Sehr beliebt waren eine Zeitlang Trudelreifen. Jeder versuchte, eine Fahrradfelge ohne Speichen aufzutreiben, und es konnte geschehen, daß eine ganze Kinderhorde hinter ihrem Trudelreifen herraste, der mit einem kleinen Holzstock angetrieben wurde. Dazu versuchten sie, das Geräusch eines Motorrads nachzuahmen.

Die Mädchen spielten »Mutter und Kind«. Eine Wolldecke auf dem Bürgersteig oder auf der Trümmerfläche war die Wohnung. Mit Trümmerziegeln entstand der Grundriß einer Wohnung, und es gab empörtes Geschrei, wenn ein Besucher es wagte, diese Wohnung zu betreten, ohne den im Grundriß sichtbaren Eingang zu benutzen. Wir Jungen fanden solche Spiele doof, spielten höchstens einmal mit, wenn keiner der Freunde in der Nähe war. Wir bauten lieber unsere Höhlen oder spielten Abrißkommando, indem wir mit Seilen, die beim Indianerspiel als Lasso dienten, Mauerreste umrissen.

Kurz vor der Währungsreform 1948 gab es plötzlich bei Leder-Scheibe Roller zu kaufen, Stückpreis ca. 80,– Reichsmark. Sie waren aus Eisenrohr zusammengeschweißt, die gußeisernen Räder von ungefähr 15 Zentimeter Durchmesser wurden mit einfachen eisernen Achsen in Löchern der Gabel durch Splinte gehalten. Diese Dinger verursachten beim Rollern auf den Bürgersteigen einen Heidenkrach, darum fuhren wir damit zur Admiralitätstraße, der einzigen asphaltierten Straße in unserer Umgebung.

Die Admi bot auch die einzige Möglichkeit, mit Vorkriegs-Rollschuhen zu laufen. Diese schweren eisernen Dinger wurden mit Hilfe eines kleinen Vierkantschlüssels mit den Klammerstegen an den Schuhsohlen festgeschraubt und mit Lederriemen oder Band über den Fuß und den Knöcheln gehalten. Bei dem brüchigen Schuhwerk war das schon ein Problem. Meine ersten Übungen machte ich auf dem roten, geräumigen Kachelboden am Eingang der Feuerwache. Zwischen den Säulen gibt es auch heute noch stabile Halterohre, an denen ich meine ersten Stolpereien abfangen konnte.

Die Mädchen spielten an der Hausmauer gerne »Probe«, auch »Geschichtenball« genannt. Ununterbrochen plappernd, ein Märchen oder eine selbst ausgedachte Geschichte erzählend, warfen sie den Ball mit schnellen Bewegungen sanft an die Wand, fingen ihn wieder auf, ließen ihn mit geballten Fäusten hin und her springen, spielten ihn mit einer Hand unter ihrem Bein durch oder warfen ihn über ihren gebeugten Rücken. Sie spielten so lange, bis ein Wurf mißlang. Dann kam das andere Mädchen an die Reihe, das geduldig gelauscht hatte.

Ein weiteres Ballspiel war »Hallihallo«. Im Schneidersitz hockend warf der Rätselgeber mit den Worten: »Ich weiß einen Namen mit W« jemand den Ball zu, der ihn mit der Antwort »Werner« zurückwarf. »Falsch!«, der nächste Buchstabe ist »O«. Damit wurde der Ball einem anderen zugeworfen, der jetzt »Wolfgang« rief. War das richtig, schmetterte der Rätselgeber mit einem lauten »Hallihallo« den Ball auf den Boden, der wieder hochsprang und von dem, der richtig geraten hatte, gefangen werden mußte. Gelang es, rief er laut »Stopp!«. Inzwischen war der Werfer so weit wie möglich weggerannt. Der Fänger mußte ihn nun mit dem Ball treffen. Traf er ihn, durfte er das nächste Rätsel aufgeben. In bunter Reihenfolge wurden Länder, Namen, Begriffe oder Städte erraten.

Ein immer wiederkehrendes Spiel war »Kippel-Kappel«. Der Kippel war ein 10 bis 12 Zentimeter langes, rundgeschnitztes und an den Enden zugespitztes Holz, der Kappel bestand aus einem $1/2$ Meter langen schmalen Holzbrett. Der auf dem Boden liegende Kippel wurde mit dem Brett im hohen Bogen fortgeschnellt und mußte von einem der Fängermannschaft aufgefangen werden. Gelang das, kam der Fänger an die Reihe. Vorher mußte er aber Gelegenheit zum Punktemachen geben, indem er den Kippel hochwarf. Mit dem Kappel mußte man versuchen, das Holz abzufangen und mit geschickten Schlägen möglichst lange in der Luft zu halten. Jeder Schlag zählte einen Punkt.

Mehr Punkte konnte man gewinnen, wenn der Kippel nicht gefangen wurde. Abgesehen davon, daß nun ein Mitglied der eigenen Mannschaft weitermachen durfte, wurde das Holz mit einem Schlag auf das zugespitzte Ende in die Luft geschnellt, um mit weiteren Schlägen Punkte zu machen, die von allen laut mitgezählt wurden. Das waren bei etwas Übung bis zu zwanzig, bei besonderer Geschicklichkeit bis zu fünfzig Punkte.

Tauspringen war allgemein beliebt, wurde aber überwiegend von den Mädchen gepflegt. Einbeiniges Springen oder Steppschritt erhöhten den Schwierigkeitsgrad. Ein längeres Seil schwangen zwei Mädchen zwischen sich, und die Springerin mußte geschickt in das schwingende Seil einspringen, wobei jeder Sprung laut mitgezählt wurde. Erheblich schwieriger war das Springen mit dem Doppelseil, und noch schwieriger wurde es, wenn zwei Mädchen gleichzeitig sprangen.

Wir Jungen benutzten ein Seil lieber als Rundschaukel, indem wir es an der Querstange einer gußeisernen Gaslaterne aufhängten. In der Schlaufe sitzend gab man sich Schwung, und es wickelte sich um den Pfahl. Ging es nicht weiter, schwang das Seil in Gegenrichtung zurück. Wollten die Mädels das Seil wieder zum Tauspringen haben, gab es meistens Streit, weil der Knoten sich zu festgezogen hatte und letztendlich nur die Schere half.

»Nackte Gala« und andere Badevergnügen

Rechtzeitig zum Sommerbeginn 1949 hatte ich schwimmen gelernt. Im Sommer vorher war das flache Stadtpark-Freibad ideal zum Üben gewesen. Hier hatte ich mir das Tauchen selbst beigebracht. Das war mir eine große Hilfe beim richtigen Schwimmunterricht im Hallenbad St. Pauli. Während der kalten Jahreszeit wanderten wir mit unserem Sportlehrer von der Schule Holstenwall dorthin.

Es war herrlich, einmal pro Woche unter einer warmen Dusche zu stehen. Vor dem Sprung ins Becken kontrollierte der Lehrer an Hals, Ohren und Kniekehlen, ob die Wäsche gründlich genug war. Bildeten sich Schmutzrollen unter seinem Daumen, hieß es, die Waschung zu wiederholen.

Eines Tages war es soweit. Ich durfte hinter der vorgehaltenen Schwimmstange schwimmen. Bevor ich dann meine Freischwimmerprüfung machen sollte, wanderte ich öfter zum Schwimmbad St. Pauli, um zu trainieren. Sicherheitshalber schwamm ich erst am Seil der Absperrung des Nichtschwimmerbeckens entlang, wurde dann mutiger und tauchte darunter durch. Ich tauchte auch nach einem Gummiring im Becken und machte vom Einmeterbrett Köpfer. Nach langem Zaudern wagte ich auch den Sprung vom Dreimeterbrett, allerdings nur als Fußsprung.

Dieser für die Prüfung geforderte Kopfsprung lag mir am schwersten im Magen, und so stand ich zögernd am Prüfungstag auf diesem hohen Sprungbrett, von dem die Wasseroberfläche so weit, weit entfernt war. Endlich traute ich mich, tauchte prustend wieder auf, schwamm eine endlose Viertelstunde kreuz und quer durch das Becken – und hatte meinen Freischwimmer!

Die meisten konnten inzwischen schwimmen, und so gingen wir im Sommer häufig baden. Erst noch eine Badehose oder ein Handtuch zu holen, dazu waren wir zu faul. Außerdem hätte es dann erst einmal unbequeme Fragen und Ermahnungen gegeben, von Badeverbot nicht zu reden! »Nackte Gala« war nämlich angesagt, und so tobten wir durch den Herrengraben, bei Leder-Scheibe um die Ecke, über die Pulverturmsbrücke, überquerten den heißen Asphalt der Admi und waren auch schon an unserer Badestelle im Admiralitätsfleet. Auf dieser Seite der Admi waren außer dem schönen, aber beschädigten Gebäude der alten Hamburger Admiralität fast alle Häuser zerstört. So auch an unserer Badestelle, wo ehemals eine Brücke zur Straße Herrlichkeit führte.

Hier entledigten wir uns der wenigen Klamotten bis auf die Haut, schimpfend und abgekehrt von den doofen Mädchen, die uns flüsternd und gackernd beobachteten, denn sie hatten wie immer von unserem Vorhaben Wind bekommen. Da wir schlecht nackt zum Brückenpfeiler laufen konnten, schnappten wir uns je zwei Blätter einer rhabarberblattähnlichen Pflanze, liefen mit hinten und vorne vorgehaltenen Blättern zum Pfeiler und jumpten mit einem »Negerköpfer« in das auch schon damals nicht sehr gut aussehende Wasser. Es konnte schon mal passieren, daß man neben einem Kotbrocken oder einem Verhüterli auftauchte.

Selbst die Ermahnungen unserer Eltern im Hochsommer, wenn das Wasser blühte, also voller winziger Algen war, konnten uns nicht vom Wasser fernhalten. So herrschte also häufig während der Woche munteres Treiben an dieser Badestelle, die nebenan in einem ausgebauten Kellerraum sogar eine Gaststätte aufwies, wo wir für einen Groschen einen »Süßen« trinken oder eine Brause kaufen konnten.

Ebenfalls eine schöne Badestelle war die große steinerne Freitreppe an der Düsternstraße, gegenüber dem Stadthaus. Hier konnte man von der Steinkante springen und ganz komfortabel über eine Treppe aus dem Wasser steigen, aber wir mußten höchste Flut abwarten, denn hier war das Fleet sehr seicht.

An der Ecke Vorsetzen/Stubbenhuk war das Gelände der Schiffsbedarfsfirma Schmeding ausgebombt worden, und sehr früh hatte man damit begonnen, die Trümmer fortzuräumen. Auf dem ganzen Gelände lagerten unter freiem Himmel schwere Ankerketten, Anker und eine große Menge eiserner Bojen, die der Kenntlichmachung unter Wasser liegender Wracks und ähnlichen Zwecken dienten und Bomben nicht unähnlich sahen.

Die niedrigen Mauerreste eines Lagerhauses umgaben die fast freigeräumte Betonfläche eines Kellerraumes von ungefähr 250 Quadratmetern. Regenwasser stand fast halbmeterhoch und versickerte nicht. Dieses Wasser war ziemlich sauber und von der Sonne aufgewärmt, somit ein idealer Platz zum Planschen. Zwei Bojen, nebeneinander gebunden, ergaben ein Schiff und damit paddelten Jungs und Deerns herum, rammten und kaperten sich gegenseitig. Zwei Winter lang war dieses Becken auch eine ideale Schlittschuh- und Glitschbahn, aber dann wurde unser schönes Spielgelände zu unserem größten Bedauern eingeebnet.

Wir waren auch mutig genug, eines Tages aus sechs Bojen ein großes Floß zu bauen und das Herrengrabenfleet bis zur Michaelisbrückenschleuse hinaufzupaddeln. Als wir einige Tage später unter der Baumwallbrücke zu den Schleppern an den Vorsetzen paddelten, setzte die Wasserschutzpolizei unserem sorglosen Treiben ein unrühmliches Ende.

Ab 1950 galt unsere Liebe dem Freibad Kaiser-Friedrich-Ufer in Eimsbüttel. Dieses wunderschöne Bad mit seinen gekachelten Becken spielte in den Ferien und an Sonntagen eine große Rolle in unserer Jugend. Mit dem Badebündel, Wolldecke, etwas Trinkbarem und einigen Scheiben Brot versehen, fuhren wir mit der U-Bahn bis zur Emilienstraße. Natürlich sollte unser Geld auch noch für die Heimfahrt reichen, aber Lakritzschnecken, Salmis und Karamelbontsches waren zu verlockend. So machten wir uns auf den langen Fußmarsch über die Bundesstraße, Schlump, Schröderstiftstraße, Karolinenstraße und die Holstenwall-Anlagen zurück zum Herrengraben. Ein großer Salmistern auf dem Handrücken beschäftigte uns lange Wegminuten, und daheim hatte Mutti sich schon mit aufgewärmtem Mittagessen oder einem Riesenberg belegter Brote auf den Wolfshunger ihrer Kinder eingestellt.

Goldrausch auf den Trümmerfeldern

Mit Beginn der Koreakrise stiegen 1950 die Preise für Eisenschrott und NE-Metalle wie Aluminium, Kupfer, Zink und Blei unaufhörlich. Waren bisher die Wracks im Hafen nur aus der Fahrrinne und an wichtigen Kais gehoben worden, begann nun ein wahrer Wettlauf der Hebe- und Schrottfirmen um die restlichen über 2.800 Wracks, die noch unter Wasser lagen. Die

Papier war vor der Währungsreform knapp, und Altpapiersammeln wurde zum notwendigen Zeitvertreib. Für ein Kilo Altpapier gab es ein Schulheft.

Namen der damals größten Hebeschiffe der Welt, »Energie« und »Ausdauer«, waren ebenso in aller Munde wie der Refrain eines Schlagers:

>»Wovon lebt der Max so flott,
>det weeßte nich, det weeßte nich,
>der handelt doch mit Schrott …«

Auch wir hatten bald heraus, daß mit der Sammelei von Eisenteilen, die noch überall offen herumlagen, schnelles Geld beim Schrotthöker am Herrengraben zu machen war. Und so schleppten wir Kilo um Kilo dorthin.

Bald war es damit aber vorbei, und wir mußten Eisenträger und ähnliches ausbuddeln. Es war eine mühsame Arbeit. Der flache Trümmergrund war festgewalzt, dementsprechend fest der mit Ziegeln und Mauerbrocken durchsetzte Boden. Picken mußten her, die wir aber nicht hatten. Als Ersatz dienten uns Maueranker. So ein Maueranker bestand aus einem ungefähr 50 Zentimeter langen Flacheisen, das an einem Ende gespalten und gespreizt war. Am anderen Ende war es gedreht und mit einem Rundloch versehen, in das ein Rundeisen, nach beiden Seiten 20 Zentimeter herausstehend, eingeschweißt war. Ein idealer Ersatz für eine Picke.

Bei dieser Graberei wurden auch oft genug alte Zinkwannen, Bleirohre und Kupferteile freigelegt, die sehr begehrt waren, denn die Kilopreise lagen weit über 1,– DM. Wenn so ein Stück gefunden wurde, freuten wir uns und riefen »Wahu, Wahu«, was auf indianisch Gold bedeutete.

Unsere Funde waren nicht immer harmlos. Einmal fanden wir eine große Patronenhülse im Fleet. Das Projektil fehlte, aber der Zünder am Hülsenboden war noch intakt. Das Messing war für den Schrotthändler wertlos, weil besagter Zünder noch vorhanden war. Bernd meinte, es wäre nicht sonderlich gefährlich, das Ding zu zünden. Er steckte kurzerhand die Hülse zwischen die Trallen eines Gullys und bearbeitete den Zünder mit dem Maueranker. Wir anderen standen in respektvoller Entfernung drumherum.

Plötzlich ein dumpfer Schlag. Der schwere Deckel flog auf, und der Staudruck schleuderte eine hohe Schlammfontäne in die Höhe bis zur 2. Etage. Die Wand war schwarz, wir alle auch, und Bernd kniete verdattert mit offenem Mund auf dem Straßenpflaster. Fast genau unter dem Küchenfenster seiner Eltern war es passiert, aus dem er nun von seinem Vater heraufgerufen wurde. Bald hörten wir, wie er die Quittung für seinen Leichtsinn bekam.

Kurz darauf bekam ich ebenfalls einen gehörigen Dämpfer. Ich entdeckte auf der Trümmerfläche des zerstörten Pastorats gegenüber der Tür zum Turmaufgang des Michels eine eingesackte Stelle, aus der die Reste eines Klosett-Wasserkastens und ein Bleirohr hervorlugten. Bäuchlings begann ich, mit Händen und Ziegelstücken den Kasten freizulegen und wühlte und wühlte, als ich plötzlich wie ein junger Hund am Nacken gepackt und hochgehoben wurde. Ich erkannte den Türmer des Michels, Herrn Henning, der jeden Abend vom Turm einen Choral in alle vier Himmelsrichtungen blies.

Er brummte: »Du bist alt genug, um zu wissen, daß dieses Zeug Eigentum der Kirche ist!« und schleppte mich zur Polizeiwache Schaarmarkt. »Denn helpt dat jo woll allns nich«, meinte der Schupo, nahm mich am Ohr und sperrte mich in eine vergitterte Zelle. Erst nach zwei Stunden voller Heidenangst durfte ich mit vielen Ermahnungen wieder nach Hause.

Der absolute Höhepunkt unseres Schrottsammelns stand uns aber noch bevor. Wir stießen eines Tages auf einen zylindrischen Gegenstand. Eine Bombe? Blaß um die Nase sahen wir uns an. Es lagen ja noch überall Blindgänger im Stadtgebiet und im Hafenwasser herum. Der Hamburger Sprengmeister Mertz war jeden Tag mit seinen Männern unterwegs.

Endlich faßte jemand Mut und grub mit den Händen etwas weiter, freilich ohne das Geheimnis lüften zu können. Ein dagegengehaltener Magnet reagierte nicht, außerdem klang es hohl, wenn man klopfte. »Kratz doch mal dran«, schlug jemand vor. Die Kratzer schimmerten rötlich. Kupfer! Ein Riesenjubel brach aus. Wir konnten es kaum glauben, ein großer, kupferner Badekessel oder -ofen lag vor uns, den wir nun aus seinem Bett hebelten. Wir wußten ja, daß für Kupfer der Kilopreis bei 7,– DM stand.

Weit über 300,– DM sollten wir dafür bekommen, aber der Händler weigerte sich, die für die damalige Zeit sehr große Summe an uns auszuzahlen. Er bestand darauf, daß wir die Eltern holten. Danach schlemmten wir riesige Eisportionen bei Eis-Ziercke am Schaarsteinweg, die Kugel zu 5 Pfennig, und auch Feinkost-Hillenstedt am Herrengraben hatte enorme Bonbon- und Schokoladenumsätze. Den Löwenanteil aber gaben wir unseren Eltern. Das war hochwillkommen, denn Vater war schon einige Zeit arbeitslos und auf Stellensuche als technischer Kaufmann.

Rette sich, wer kann: Tante Luise kommt!

Da wir mit Vorliebe »rausguckten«, d. h. weit aus dem Fenster gelehnt das Leben und Treiben in unserer Straße beobachteten, haben wir sie fast jedesmal erspäht: Tante Luise! Aus Richtung Baumwall kam gebeugt und mit schlurfenden Schritten ein weibliches Wesen daher. Der grauweiße Fischgrätenmantel war unverkennbar, aber letzte Sicherheit gab das blümchengespickte Kapotthütchen, das ihr eisengraues Haar schmückte.

Blitzartig verschwanden wir vom Fenster und alarmierten alle in der Wohnung: »Tante Luise kommt!« Plötzlich hatte jeder etwas Wichtiges zu erledigen. Paps mußte Briefmarken sortieren, Mutti mußte Marken waschen, und wir verschwanden schnellstens nach unten auf die Straße, möglichst so rechtzeitig, daß wir nicht mit ihr zusammentrafen. Natürlich war

Omi wieder mal die Gelackmeierte. Da Tante Luise eine ihrer Kusinen war, blieb ihr auch nichts anderes übrig, als sich in ihr Los zu fügen und ihre Schneiderarbeit zu unterbrechen.

Wenn es klingelte, spielte sich stets die gleiche Zeremonie ab. Ächzend und gebeugt stützte sie sich mit einem Arm am Türrahmen ab, verdrehte gequält die Augen hinter ihren dicken Brillengläsern und fiel mit den Worten: »Haach, ich bin mal wieder restlos mit den Nerven fertig!« gleichsam in unsere Wohnung ein. Und Omi entgegnete regelmäßig: »Ach meine arme Luise! Komm man erst mal rein, und dann mache ich einen Kaffee!«

Schwer atmend stieß dann Luise hervor: »Laß mal, lang in mein Netz, ich hab Kaffee mitgebracht. Ihr habt ja selbst nicht viel, aber jetzt muß ich erst mal sitzen!« Saß sie endlich, erholte sie sich zusehends, und es begannen ihre Monologe über ihre neueste und die gehabten Krankheiten. Es gab wohl keine Krankheit, die Tante Luise noch nicht gehabt hatte. War sie endlich gegangen, atmeten alle erleichtert auf, und unter Gelächter versuchten wir, Tante Luises Auftritt nachzuspielen.

Ferienlager auf Gut Bothkamp

Schon sehr früh, ungefähr seit Ende 1947, hatten wir Kinder Kontakt zur Kirchenjugend der Michel-Gemeinde gefunden und waren regelmäßig Gäste im Gemeindehaus an der Pastorenstraße. Diakon Wilhelm Schmidt, genannt »Wisch«, betreute als Jugendleiter unsere große Horde.

In den Sommerferien 1948 organisierte die Kirche ein großes Zeltlager aller Hamburger Gemeinden. Gegen Abgabe von entsprechenden Lebensmittelmarken und einem geringen Obolus konnten wir vier Wochen aufs Land. Muschi und Moppel waren noch zu jung und mußten daheim bleiben, doch meine gleichaltrigen Freunde waren alle dabei. Frühmorgens um acht Uhr versammelte sich eine erwartungsvolle Schar von Jungen am Gemeindehaus. Ich hatte einen alten Wehrmachtstornister sorgfältig gepackt. Neben Unterwäsche und Strümpfen, einem Kochgeschirr mit Aluminium-Kombibesteck zum Ausklappen, gerollter Wolldecke und einer Wehrmachts-Dynamotaschenlampe machte noch ein halbes Schwarzbrot, in dicke Kanten geschnitten, die Reise mit.

Zwei kurzatmige Lastwagen mit dem obligatorischen Holzgasofen fuhren vor. Einziger Luxus auf der Pritsche waren Holzbänke, so daß wir für die Dauer der Fahrt sitzen konnten. Es sollte weit nach Schleswig-Holstein hineingehen, Gut Bothkamp hieß das Ziel. Nach zwei Stunden Fahrt trafen wir dort ein. Uns empfing eine ungefähr 200 Meter lange Allee, links und rechts von riesenhaften Bäumen gesäumt. Am Ende war das große Torhaus mit riesigen, schweren Torflügeln, und auf der anderen Seite ein großer Platz, der von niedrigen Stall- und Gesindehäusern eingefaßt wurde. Den Abschluß des Gutshofes bildete die Fassade des Herrenhauses.

Knechte und Mägde empfingen uns Stadtkinder. Es war wie eine Szene aus unserem Lesebuch. Hühner kratzten und pickten, Spatzen schimpften und Schwalben sausten hin und her. Tief atmeten wir die Vielzahl der Gerüche ein. Es roch nach Heu, Stroh und Mist. Alles aber überlagerte der köstliche Kaffeeduft, selbstverständlich Malzkaffee, der uns erwartete. Auf Holzbänken an langen Tischen verzehrten wir unser Marmeladenbrot mit gesundem Appetit.

»Wisch« trieb uns zur Eile an, denn es sollten noch viele Kinder kommen. Und richtig, als wir mit unserem geschulterten Gepäck zum Torhaus gingen, rollten wieder vier Laster herein. Wir wanderten die lange Allee zurück, bogen ab in den Wald und kamen auf eine große Lichtung mit vereinzelten Bäumen. Dort waren Armeezelte aufgebaut, die jeweils zwölf Kindern Unterkunft boten. Für uns waren fünf Zelte bestimmt.

In ihnen waren dicke Strohschütten kreisförmig angeordnet, und wir richteten uns häuslich ein. Mit einer Extra-Wolldecke, die jeder als Unterlage bekam, bauten wir unsere Betten, fein säuberlich am Ende wurde das Handgepäck, Kochgeschirr und Schuhe verstaut. Hier kamen mir die Erfahrungen aus dem Lagerleben zugute. Mein Tornister mit einem darüber gebreiteten Handtuch ergab ein bequemes Kopfkissen.

Mittags waren ca. 500 Kinder aus allen Hamburger Gemeinden im Lager. Mit Anbruch der Dunkelheit versammelten sich alle um ein riesiges Lagerfeuer, sangen und beteten gemeinsam mit Bischof Schöffel um schöne Ferien. Danach wählten sich die einzelnen Gruppen einen Stammesnamen. Wir nannten uns »die Raben«.

Häuptling »Wisch« Schmidt kommandierte uns dann in die Zelte zur Nachtruhe. Einige größere Jungen waren zur Lagerwache eingeteilt worden, die sich alle drei Stunden am Feuer ablöste. Trotz ungewohntem Knistern des Strohs verstummten unsere leisen Gespräche bald, denn hinter uns lag ein aufregender Tag.

Am Morgen gegen sieben Uhr weckte uns ein Trompetensignal. Verschlafen machten wir uns auf den Weg hinunter zum Bothkamper See zu einer flachen Stelle mit einem Bootssteg, wo auch wir Nichtschwimmer baden und uns waschen konnten. »Wisch« trieb uns wieder an, denn es sollte zum Frühstücken gehen. Vorher wurden noch die Betten gemacht und kritisch gemustert.

Wie das Frühstück, so war auch das tägliche Essen gut und schmackhaft zubereitet. Ich kann mich nicht erinnern, in der ganzen Zeit etwas nicht gemocht zu haben. Alle wurden stammweise zur Küchenarbeit herangezogen, und so lernte ich Kartoffelschälen und Gemüseputzen. Wer aus einer großen Kartoffel einen kleinen Würfel schnitzte, mußte mit einer gewaltigen Gardinenpredigt von »Wisch« rechnen und gab sich anschließend mehr Mühe. Unser Appetit war in jenen Tagen riesengroß, und unsere Schar sang ständig:

> Die Ra-ha-ben, die Ra-ha-ben,
> die wollen Nachschlag ha-ha-ben ...

Etwa 200 Meter in den dichten Wald hinein führte ein schmaler Pfad zu unserem Donnerbalken. Für dieses stille Örtchen war eine lange, rechteckige Grube 1 Meter tief ausgehoben worden, die jeden Abend mit Löschkalk bestreut wurde. Der Rand war mit kräftigen Laufbohlen belegt und mit gehobelten Fichtenstämmen als Sitzgelegenheit versehen, die ungefähr fünf Personen Platz boten. Daß hier bei starkem Andrang viel gejohlt und gelacht wurde, kann man sich leicht vorstellen, besonders wenn man sich die weitere Anlage vergegenwärtigt:

Ungefähr eineinhalb Meter hinter der ersten Sitzgelegenheit befand sich eine weitere, allerdings einen Meter höher gelegene. Den hintergründigen Humor der Donnerbalken-Erbauer bezeugte ein Pappschild, das am Zugang zur oberen Etage angebracht war:

Bei Durchfall *oben* sitzen verboten!

Die Wochen vergingen wie im Flug, ausgefüllt mit Spielen, Schnitzeljagden und romantischen Abenden am Lagerfeuer. Die Erwachsenen hatten gut zu tun, diese Horde von Jungen zu hüten, die manchen Streich aushckten. Besonders die großen Jungen machten allerlei Unsinn. Zum Beispiel entdeckten sie am Rande der Badestelle einen versunkenen Leiterwagen und bargen Kisten mit Gewehren und Munition, zwar verrostet, aber noch gefährlich genug. Die Aufregung war groß, als es abends im Lagerfeuer knallte. Die Großen hatten aus Gewehrpatronen das Pulver rausgepult und in Papier gewickelt ins Feuer geschmissen!

Gern erschreckten die Großen auch die Kleinen nachts, oder sie schlichen hinaus auf die Felder und kamen mit Steckrüben zurück. Da Verbotenes am besten schmeckt, konnte auch ich manchmal ein Stück ergattern. Diese Diebereien hörten auf, als »Wisch« eines Abends am Lagerfeuer zwei Wollsocken hochhielt, gefüllt mit Kartoffeln. Nach einer kurzen Ansprache warf er die Socken samt Inhalt kurzerhand ins Feuer. Der Pechvogel, dem sie gehörten, war ein »Rabe« und mußte nun mit stiller Wut zusehen, wie seine Socken verbrannten, die man ja weiß Gott nicht an jeder Straßenecke kaufen konnte.

Am Tag unserer Abfahrt gab es noch eine nahrhafte Überraschung. Jeder bekam sechs Hühnereier geschenkt. Vorsichtig trug ich die Kostbarkeiten zum Zelt und verpackte sie sorgfältig mit viel Gras in meinem Kochgeschirr. Daheim konnte ich dann stolz die heilen Eier präsentieren.

Was sonst noch geschah

Am 7.5.1948 wurde in unserem stark lädierten Michel unter der Nordempore eine Notkirche eingeweiht, in der ich 1952 konfirmiert wurde. Schon im Sommer 1947 hatte der Michel seine Glocken zurückerhalten, gerettet vom »Glockenfriedhof« im Hafen, wo die Glocken des gesamten Tausendjährigen Reiches auf ihre Einschmelzung gewartet hatten.

Bis in die fünfziger Jahre hinein war der Michel eine Gefahr, denn die Turmplattform zog Selbstmörder magisch an, bis sie endlich vergittert wurde. Einen Selbstmord haben wir unmittelbar miterlebt. Das war so: Wir waren mit ein paar Freunden herumgeradelt, stellten dann unsere Räder auf dem Kirchplatz ab und spielten Fußball. Muschi, die auf meinem Gepäckträger mitgefahren war, erreichte nach langer Bettelei, daß sie zum erstenmal mein neues Rad benutzen durfte. Stolz radelte sie Richtung Englische Planke davon. Plötzlich hörten wir einen lauten, dumpfen Knall und gleich darauf das Schreien meiner Schwester.

Sie hatte eben den Erzengel des Hauptportals passiert, als nur vier Meter hinter ihr der Körper eines Selbstmörders auf das Steinpflaster prallte.

Bis zum Eintreffen der Feuerwehr hatte ich einige Mühe,

meine Schwester aus ihrem Schock zu befreien. Während dann die Feuerwehrmänner das Pflaster abspritzten, zeigte sich, wie abgebrüht wir Bengel durch die Kriegsjahre waren, denn wir kickten ungerührt ein Stück Hirnschale hin und her.

Im Sommer 1949 sorgte unsere mittlerweile vier Jahre alte Schwester Hannelore für große Aufregung. Sie entdeckte auf der Küchenfensterbank eine Brauseflasche, öffnete den Bügelverschluß, trank einen gehörigen Schluck und begann laut zu schreien. Die Flasche enthielt Waschbenzin und hatte ihr die Speiseröhre bis in den Magen hinein verätzt. Unterwegs ins Hafenkrankenhaus weinte und schrie sie ununterbrochen. Unsere geschockte Mutter machte sich schluchzend Selbstvorwürfe, denn sie hatte die ungekennzeichnete Flasche auf die Fensterbank gestellt. Unsere Schwester wurde zwar gerettet, aber die Verhöre der Kriminalpolizei (Kripo) waren unangenehm genug. Ein Kripobeamter äußerte sogar den Verdacht versuchter Kindestötung, der aber leicht zu widerlegen war. Das Verfahren wurde schließlich eingestellt.

1949 erwischte es dann Moppel, der auch in späteren Jahren zu unserem Krankheits-Pechvogel wurde. Eine Augenoperation war inzwischen erfolgreich verlaufen, so daß die »Schielaugen«-Hänseleien endlich aufhörten, die ihn immer so geärgert haben. Aber eine Röntgen-Reihenuntersuchung ergab, daß er an den Hylusdrüsen der Lunge erkrankt war. Muschi und ich hatten unsere Hylusdrüsenkrise erfolgreich überstanden, bei Moppel sah es aber ernster aus. In einem Büsumer Heim sollte er ausheilen, aber nach seiner Rückkehr wurde festgestellt, daß die Heilung nicht vollständig war. So kam er 1950 in ein Heim nach Duvenstedt. Bei seiner Entlassung 1951 erkannten wir unseren Moppel kaum wieder. Dick und rund, mit Brüsten wie ein Mädchen, wurde er als geheilt entlassen. Er war mit Fett und Sahne förmlich gemästet worden.

Im Winter 1949 bestand ich die Aufnahmeprüfung für die Mittelschule, und Ostern 1950 begann meine neue Schule nebenan am Holstenwall 14. Ich brauchte also nur einen Eingang weiter zu gehen, aber diese beiden Eingänge trennten Welten. Die Ansprüche in sämtlichen Fächern waren höher, was ich bis auf das verhaßte Fach Algebra gut meistern konnte. Bei Algebra hatte ich ein Brett vor dem Kopf und begriff partout nicht, warum aus Plus ein Minus wird.

Mein ewiger Kummer mit Algebra machte dann auch den Beschluß nicht schwer, eine Lehrstelle für mich zu suchen. Aber was sollte ich werden? Nach einer Berufsberatung beim Arbeitsamt fiel die Entscheidung: Ich wollte Lebensmittelkaufmann werden.

Die erste Vorstellung bei Feinkost-Lehmitz in der Talstraße verlief enttäuschend. Als der Chef fragte, ob Mutti den jungen Mann mitgebracht hätte, wies sie auf mich. »Liebe Frau! Der ist viel zu klein. Der könnte ja nicht einmal Ware über unseren Glastresen reichen!« Das war absolut richtig, denn meine Pubertät hatte gerade erst eingesetzt, und ich war noch sehr klein.

Bei der nächsten Vorstellung in der Grindelallee 22, bei Ernst Stahmer, klappte es besser. Noch heute existiert dort ein Tante-Emma-Laden, und jedesmal, wenn ich daran vorbeifahre, denke ich an meine Lehrzeit mit Tütenabwiegen, Butterklatschen und Wurst von Hand schneiden, an 25,- DM im ersten, 35,- DM im zweiten und 45,- DM im dritten Lehrjahr. Und ich denke an meine Geschwister, die ich schon bald beneidete, daß sie noch zur Schule gehen durften.

Bildquellen

Seite 10:	Foto: GERMIN, Archiv Museum der Arbeit, Landesmedienzentrum Hamburg
Seite 29:	Foto: Erich Andres, Landesmedienzentrum Hamburg
Seite 75:	Privatarchiv des Verfassers
Seite 88:	Foto: GERMIN, Archiv Museum der Arbeit, Landesmedienzentrum Hamburg
Seite 95:	Landesmedienzentrum Hamburg
Seite 106:	dto.
Seite 110 o.:	Foto: GERMIN, Archiv Museum der Arbeit, Landesmedienzentrum Hamburg
Seite 110 u.:	Privatarchiv des Verfassers
Seite 125:	Erich Staisch/Landesmedienzentrum Hamburg
Seite 136:	Landesmedienzentrum Hamburg
Seite 141:	dto.
Seite 163:	Foto: Günther Krüger/Hamburger Abendblatt
Seite 171:	Foto: GERMIN, Archiv Museum der Arbeit, Landesmedienzentrum Hamburg

Entrüstung und Schadenfreude

Die ach so seriöse Hansestadt ist durchaus reich an Skandalen und peinlichen Vorfällen, früher wie heute: Gesellschafts-Skandale, Sex-Skandale, Polit-Skandale, Wirtschafts-Skandale, Presse-Skandale...

Viele werden den Leser amüsieren, andere ihn erschrecken oder die Wut in ihm aufsteigen lassen. Doch keiner läßt ihn unberührt.

Kurt Grobecker / Kerstin v. Stürmer
Hamburg *skandalös*
Chronik der Peinlichkeiten

140 Seiten, gebunden
ISBN 3-934613-01-2

CONVENT VERLAG